Ogan Mezzo que rien n'arrête trouvera les amours de sa vie

Johanne Landers

Par Johanne Landers

Jlprudhomme@msn.com

http://jlprudhomme.wix.com/johanne-landers

http://facebook.com/johanne.landers

LA SAGA DE LA FAMILLE MEZZO EN 5 VOLUMES

JOHANNIE ET FRÉDÉRICK MEZZO

Johannie Tremblay qui était née au Québec et habitait Vancouver depuis l'âge de cinq ans avait fini ses études universitaires avec mention pour devenir avocate. Ses parents étaient très fiers de leur fille unique. Son père qui était heureux de voir sa fille suivre ses traces, il était juge et Johannie aspirait aussi devenir juge. Ses parents avaient décidé de retourner en Italie pour son cadeau de fin d'études. Ils s'apprêtèrent à partir pour un mois. Elle avait beaucoup voyagé avec ses parents, mais elle préférait l'Italie à tout autre. Cela faisait si longtemps qu'ils n'étaient pas allés.

Johannie était aux anges quand elle entra enfin dans la suite de l'Hôtel Mezzo, c'était féérique. L'Hôtel promettait bien des plaisirs. Elle et ses parents s'adonnaient à des visites touristiques le jour et le soir ils restaient à l'hôtel pour souper et profiter des merveilleux couchés de soleil sur leur terrasse.

Plusieurs fois au restaurant de l'hôtel, Johannie voyait qu'un jeune homme était là presque chaque soir et il l'observait, elle lui rendait toujours son sourire, il était si charmant. À la fin de la première semaine, il se risqua à aller l'inviter pour une randonnée pédestre qu'il devait faire avec ses amis le lendemain. Il vit la résistance de ses parents et s'empressa d'ajouter que le propriétaire de l'hôtel était l'ami de son père et que celui-ci viendrait les rassurer sans problème avant que Johannie ne puisse accepter l'invitation. Johannie voulait mieux le connaître, elle ne comprenait pas pourquoi un étranger pouvait l'attirer à ce point et lui faire ressentir de fortes sensations, à seulement la regarder. Elle n'avait jamais connu cela avant. Ses yeux d'un noir impressionnant l'enivraient chaque fois qu'elle le regardait. Il était si beau. Le propriétaire s'empressa de venir voir les parents de Johannie pour leur expliquer que Frédérick était un très bon garçon. Ainsi débuta la saga Mezzo qui prenait son envol avec cet amour qui naissait entre leurs parents. Ils auront cinq merveilleux enfants, mais tout aussi différents les uns des autres.

Ogan entre au travail pour sa première journée aujourd'hui. Il vient de terminer ses études, il est maintenant comptable agréé. Il est un peu anxieux, mais quand même pas trop, car il va lui aussi travailler dans le cabinet d'avocat de ses parents.

— Bonjour M. Mezzo.
— Bonjour Amélia. Vous voulez
— bien m'appeler Ogan. Si vous nous appelez tous M. Mezzo, nous risquons d'avoir un problème.
— Oui Ogan.
— Est-ce que mes frères se font appeler M. Mezzo?
— Non, seulement votre père.
— Ouf! Je l'espère
— Votre père demande que vous passiez le voir.
— Ah! Très bien, bonne journée Amélia.
— Vous aussi Ogan et bienvenu parmi nous.
— Merci. Tu sais, déjà si c'est toi qui m'accueilles chaque matin, c'est un très bon départ.

Amélia lui rendit son sourire.

Ogan se dirigea vers le bureau de son père. Celui-ci l'accueillit à bras ouverts. Le dernier des Mezzo qui faisait son entrée dans le cabinet familial. Ogan a trois frères, une soeur et ses parents qui travaillent déjà dans le cabinet. Ils sont tous avocats et lui, il n'en était pas question, il avait horreur de même y penser. Sa famille ne parlait que de causes à débattre. Lui c'était les chiffres qu'il aimait.

— Bonjour papa.
— Ah! bonjour mon fils. Tu as l'air prêt pour ton travail ce matin. Je suis si fier de te voir enfin ici.
— Oui je suis prêt et fier d'être là moi aussi. Par où commençons-nous papa?
— Je vais téléphoner à Jack, car nous allons commencer par te faire signer quelques papiers pour ton cadeau de fin d'études, tout comme les autres enfants ont eu.

Jack arriva avec les documents prêts à être signés. Les documents comportaient une entente pour que Ogan puisse recevoir ses parts dans le cabinet.

Chaque fois qu'un des enfants commençait à travailler dans le cabinet, Frédérick et Johannie séparaient les parts de profits avec eux. Celles-ci étaient maintenant séparées en sept parties. Frédérick et Johannie avaient 15% chacun et les enfants recevaient à parts égales 14% à partir d'aujourd'hui. Tous les frais reliés au cabinet étaient sous la responsabilité des parents puisqu'ils avaient amplement d'argent pour se le permettre.

Après la signature des documents, Jack disparu et Frédérick fit appeler tous les autres membres de la famille pour venir féliciter Ogan et lui souhaiter la bienvenue. Michaël arriva le premier.

— Salut p'tit frère, tu viens nous couper nos parts, je présume. Jack m'a dit que nous allions avoir juste 14% maintenant que tu étais arrivé parmi nous. Je suis d'accord et très content que tu sois là. Bienvenu Ogan.

Michaël lui fit une accolade.

— Ce n'est pas comme si tu ne t'en attendais pas pour les parts quand même. Et puis qu'as-tu à te plaindre, tu étais le premier ici, alors t'as eu beaucoup de parts toi? Je vais avoir l'oeil sur ça à partir d'aujourd'hui.
— Ah Ah! Très drôle. Non, mais tu te rends compte combien de fois ça m'arrive. Dieu merci tu es le dernier.
— Le dernier et non le moindre mon cher frère.
— Ça, tu peux le dire. Merci papa d'avoir arrêté à cinq enfants. Mais je suis convaincu que maman et toi auriez dû arrêter à un.

Zoé arriva sur ces paroles.

— Et qu'est-ce que j'entends ? Michaël veut encore le monopole. Salut Ogan, et félicitations. Tu deviens salarié à partir d'aujourd'hui.

— Merci Zoé. Je vais m'assurer de faire ma paye avant les vôtres.

— D'abord que tu ne nous oublies pas. Aucun problème.

Johannie entra avec Emmanuël et Zack pour féliciter Ogan à leur tour. Ensuite Frédérick sortit le champagne avec jus d'orange pour fêter cela.

Par la suite Michaël fit le tour du cabinet avec Ogan pour lui montrer les nouveautés. Même si Ogan connaissait bien les lieux, son frère l'introduisait comme le nouveau comptable agréé du cabinet. Ensuite il y eut une réunion de famille dans la salle de réunion et une autre avec Jack qui était le comptable actuel. Ogan sortit de cette réunion enragé. Il était déçu et ne s'attendait pas à ce que son père garde Jack pour un an avec lui. Un an ! Ogan allait devoir être son assistant pour sa période d'apprentissage. Son père lui avait dit que Jack prenait sa retraite après cela et qu'il ne pouvait le mettre à la porte. Ogan comprenait bien cela, mais pas d'être sous ses ordres.

— Merde ! je suis maintenant comptable agréé et lui était seulement comptable. Ah! je vais devoir me taper ce vieux fou pendant un an et partager son assistante Rita qui est toute aussi nigaude que lui.

Deux semaines plus tard, c'était encore pire qu'il croyait. Rita ne semblait pas vouloir ne rien faire pour lui. Elle disait toujours être occupée par les choses à faire pour Jack. Une journée, c'en était trop, il alla voir son père pour en discuter.

— Papa, puis-je avoir ma propre assistante? Je ne peux plus voir cette Rita, dis-moi qu'elle prend sa retraite aussi, car moi je ne la garderai pas. Elle ne veut rien faire pour moi, quand elle veut en faire, je lui demande le travail fait d'une certaine façon, elle me le remet en retard et loin d'être de la façon que je lui ai demandé. Je viens de finir mes études avec un baccalauréat et je veux mettre en pratique ce que j'ai appris. Elle me tape sur les nerfs et elle est vieille.

— T'as fini là !

— Non. Quand les autres sont entrés en fonction, ils avaient leurs propres dossiers à gérer et leur propre assistante. Bon! j'ai fini maintenant.

— Tu n'as qu'à passer voir Maria qui s'occupe des ressources humaines et lui dire de te trouver une assistante qui n'est pas vieille…comme tu dis, et qui t'écoutera à la lettre. Tu peux aussi demander à Amélia entre temps si tu as besoin d'aide, je suis certain qu'elle se fera un plaisir de t'aider. Et en passant jeune homme, Rita est plus jeune que moi.

— Ouf ! désolé papa.

Ogan fit une pause

— Mais pour Amélia, vous ne l'avez plus vraiment besoin, maman et toi ne fêtez maintenant que des choses plus minimes. Non ? Je pourrais l'avoir moi comme assistante, elle serait parfaite.

— Bien essayé, mais tu n'es pas le premier à la vouloir à ton service. Elle est parfaite comme tu dis, mais elle reste notre assistante.

— C'est bien, je m'attendais à cette réponse. Je me devais d'essayer, elle semble la perfection même. Jolie, calme, efficace et toujours souriante.

— Comme les autres, déniche-toi la tienne.

En sortant du bureau de son père, Ogan fit un sourire à Amélia. Elle avait entendu la conversation, elle lui souriait.

— Amélia, je voulais te dire que j'ai bien essayé de te sortir de ce pétrin, mais je n'ai pas réussi.

— Merci c'est gentil à toi, mais j'adore tes parents et je suis très bien avec eux. Ils sont merveilleux.

— J'aimerais quand même savoir si tu as une amie aussi jolie et efficace que toi qui voudrait travailler pour moi?

Amélia rougit.

— Merci pour le compliment, c'est très gentil. Tu peux m'envoyer les détails de ce que tu recherches et je vais voir.

— Très bien. Je passe me renseigner auprès de Maria sur quelques trucs et je t'envoie ça.

Trois semaines plus tard, Maria annonça à Ogan qu'elle lui avait trouvé une assistante. Il la rencontrait cet après-midi pour pouvoir évaluer si elle entrait dans ses attentes. Secrètement, il n'en voulait plus, il aimait bien le travail d'Amélia. Mais il dût s'avouer vaincu et embaucha Emma.

Après le travail, Ogan se rendit directement chez lui. Il était fatigué. En plus de sa journée de travail, il devait s'occuper du repas et du ménage de la maison. Sa belle Suzie était trop occupée à trouver du travail.

— Bonjour Ogan, j'ai téléphoné à ton bureau et j'ai eu ta nouvelle assistante ?
— Bonjour Suzie. Oui enfin, je l'ai eu mon assistante. Elle a commencé aujourd'hui et elle s'appelle Emma. Mais…je n'ai eu aucun message de toi.
— Non, je n'ai pas laissé de message.

Ogan avait soudainement un doute. Quand Suzie utilisait son prénom, c'est que quelque chose n'allait pas. Non, elle ne serait pas jalouse que j'ai ma propre assistante maintenant.

— Suzie, est-ce que quelque chose te tracasse ?
— Tu lis toujours si facilement en moi.
— Mais non, c'est toi qui ne peux pas cacher tes sentiments. Comme quand tu m'appelles Ogan.

Ogan pouvait lire de la peur dans le regard de Suzie. Il l'a connaissait si bien. Depuis le début de leurs études universitaires qu'ils étaient ensemble.

— Tu veux en parler. Tu n'as pas eu une bonne journée. J'imagine que ton entrevue ne s'est pas bien déroulée. Dis-moi.

Elle était toujours silencieuse.

— Suzie s'il vous plaît, je déteste quand tu me fais ça. Parle-moi.
— Premièrement, je ne suis allée à l'entrevue.
— Pourquoi as-tu fait ça? Tout semblait te sourire dans cet emploi. En plus avec le nouvel appartement que nous venons d'acheter, un deuxième salaire serait le bienvenu. Mais pourquoi as-tu fait cela? Je ne comprends pas.

Suzie eut un rire sarcastique.

— Tu me fais rire avec l'argent. Tu parles comme si tu étais pauvre et tu as des parents riches à craquer Ogan.
— J'aimerais que tu arrêtes de parler comme si l'argent de mes parents était la mienne. Mes parents nous ont appris malgré tout à savoir partir de nos propres ailes sans penser que tout était gratuit et sans effort. Nous sommes déjà très gâtés d'être bien remerciés par nos efforts. Ce n'est pas tous les enfants qui puissent avoir une auto neuve à leur entrée à

l'université et de recevoir 100,000.00 pour l'achat d'un logement à leur graduation de fin d'études. En plus, n'oublions pas les parts que j'ai. Je n'ai absolument rien à me plaindre, et surtout, rien à demander à mes parents.

— Tu vas peut-être être obligé de le faire.

— Pourquoi ai-je l'impression que tu me réserves une mauvaise surprise Suzie? Qu'est-ce qui se passe?

— Je suis enceinte. Alors je ne travaillerai pas immédiatement.

Ogan se retourna, il la regarda dans les yeux. Qu'avait-elle fait? Il ne s'attendait sûrement pas à cette nouvelle.

— Quoi!

— Tu as bien compris Ogan. Alors il serait préférable que j'attends d'avoir le bébé et m'en occuper pour sa première année. Aussi, nous avons acheté cet appartement qui n'a que deux chambres et il lui faudra assez vite une chambre supplémentaire pour lui faire une salle de jeux et une cour. Aussi, il nous faudra une nounou quand je reprendrai le travail.

— Reprendrait le travail ! Tu n'as pas commencé encore. Mais Suzie tu prends la pilule contraceptive non ?

— Oui, mais il m'est arrivé d'en oublier ce mois-ci, je crois que j'étais perturbée avec la recherche d'emploi.

Ironie du sort, ils avaient discuté de cela deux mois plutôt et ils étaient d'accord pour attendre de deux à quatre ans avant d'avoir des enfants. Ils voulaient prendre le temps de bien s'installer dans leur travail respectif.

— Suzie, tu n'as jamais oublié et là soudainement, tu oublies !

— Bon c'est t'arriver, qu'est-ce que tu veux, je n'y peux rien. Et, baisse le ton Ogan. Vois-tu j'ai repensé à cela et j'ai réalisé que tu n'étais pas réaliste en pensant que tes parents ne pourraient pas nous aider dans cette situation pour quelques années….Ogan, ils sont millionnaires pour l'amour du ciel. Et le plus drôle, c'est qu'ils travaillent encore.

— Oui, ils travaillent toujours, c'est leurs choix. Nous n'avons pas à discuter sur ce point. Ils aiment leur métier. Je t'avais très bien spécifié que je n'emprunterais pas d'argent à mes parents, tu entends, pas un sou. J'ai maintenant mes parts dans la compagnie et un salaire. Tu n'es pas réaliste, depuis que nous avons fini nos études tu amènes toujours cela sur le tapis. Je sais que tu voulais une maison et non un appartement, mais nous allons nous contenter de l'argent que nous avons… Aucun argent de mes parents, c'est clair! Avec un enfant cet appartement ira très bien et nous verrons plus tard quand tu auras un travail. Je t'aime Suzie, mais tu dois arrêter de juste penser à l'argent de mes parents. Je n'en peux plus de cette situation.

Ogan prit son manteau et sortit. Suzie devenait trop obsédée par l'argent de ses parents. Il en avait assez, il commençait à avoir des doutes. Et là ! Oublier ses pilules. Ogan n'était pas fâché parce qu'elle était enceinte, mais parce qu'elle revenait encore sur le sujet de se faire entretenir par ses parents. Il devait réfléchir.

Il conduisait sans savoir exactement où il allait. Il finit par s'arrêter dans un bar, il avait besoin d'un verre et de se calmer. Il était si déçu de Suzie depuis qu'elle s'était aperçue que ses parents avaient beaucoup plus d'argent qu'elle le croyait. Elle en était trop obsédée. Ogan l'avait laissé dans l'ignorance jusqu'à ce qu'elle le découvre dans un article de journal. Pour lui ça n'avait aucune différence dans leur couple, dans leur amour. Il réalisa que cela était en train de détruire leur couple. Peut-être que l'enfant aidera si elle arrête de parler de l'argent de ses parents. Ce n'était pas dans ses habitudes de se rendre dans un bar seul, mais il ne voulait voir personne qu'il connaissait. À y penser, Ogan réalisait que Suzie était peut-être enceinte parce qu'elle l'avait planifié. Il n'en était plus certain. Il valait mieux ne pas faire de conclusion trop hâtive.

Après quelques heures à se saouler, il décida de prendre un taxi et se rendre chez ses parents. Il avait toujours la clé de la maison. Quand il entra dans sa chambre restée à l'aspect d'adolescent. Il riait, comment avait-il pu décorer sa chambre de cette façon? Il se lança sur le lit et ferma les yeux. Ses parents ne se rendront pas compte qu'il était là, suffit qu'il avait laissé sa voiture au bar.

— Frédérick.
— Oui chérie.
— Y'a une paire de chaussures au bas de l'escalier. Lequel est ici?

Frédérick souriait à Johannie.

— On va voir dans les chambres pour trouver l'intrus?
— Oui, viens.

Ils trouvèrent Ogan sur son lit, complètement habillé.

— Hum, je crois qu'il va avoir un bon mal de tête celui-là. La question est pourquoi se retrouve-t-il chez ses parents hein.
— Réveille-le, j'ai bien hâte d'entendre la réponse.
— Ogan, réveille-toi Ogan.
— Non papa, pas tout de suite. Ferme la lumière.

Frédérick se sentit rajeunir. Ogan était celui qui ne voulait jamais se lever le matin. Il devait revenir quelques fois pour s'assurer qu'il s'était levé.

Tant qu'à Ogan, il était un peu perdu, mais quand il vit ses parents et sa chambre, ouf il savait qu'il n'avait pas échoué au bon endroit.

— Ogan, c'est maman. Que fais-tu ici ce matin ma tornade? Des problèmes, tu veux peut-être en parler avec nous ou un de nous deux.

— Ah maman, papa! Non ça va aller. Si cela ne vous dérange pas, je vais entrer juste ce midi. Je dois passer voir Suzie, nous avons eu une petite dispute, rien de grave. Cela va s'arranger. Désolé de m'être retrouvé ici…je ne me rappelle pas vraiment comment je suis arrivé là.

— Ogan tu es et seras toujours chez toi ici, là n'est pas la question. J'espère que cela va s'arranger. Si on peut aider, fais-nous savoir.

— Merci papa.

Ogan se leva pour prendre une douche. Il trouva du linge de rechange dans ses tiroirs. Sa mère ne touchait vraiment pas à leur chambre d'enfant. Il prit un taxi pour récupérer sa voiture et se rendit chez lui pour s'excuser auprès de Suzie. Il ne l'avait même pas téléphoné. Suzie n'était pas à la maison. Où était-elle? Il téléphona sur son cellulaire, mais sans réponse. Elle voulait probablement lui remettre son coup bas qu'il lui avait fait. Il lui envoya un texto qu'il s'excusait, qu'il avait pris un verre hier et c'était retrouvé chez ses parents.

Deux heures plus tard, elle n'avait toujours pas téléphoné. Il décida de téléphoner chez quelques amies de Suzie. Personne ne l'avait vu. Soudain, son téléphone sonna. C'était son ami Jules.

— Salut

— Hé ! Ogan, écoute je voulais te parler, car Nancy et moi sommes sorties en boîte hier et nous avons vu

Suzie, alors tu ne m'avais pas dit que vous n'étiez plus ensemble.

— Que veux-tu dire, nous sommes toujours ensemble.

— Oh! Désolé Ogan. Hier elle dansait avec … disons plusieurs gars. C'est pour ça que j'ai pensé que vous n'étiez plus ensemble…tu vois.

— Ah! Je vois oui. Hier elle m'a encore parlé de demander de l'argent à mes parents et tu sais comme cela me rend fou. Alors, je suis parti, je suis allé me saouler dans un bar et ce matin mes parents m'ont réveillé, j'étais perdu. Il faut croire que j'avais trop bu et je ne le n'ai pas téléphoné pour lui dire. J'imagine que c'est sa revanche.

— Ouf! tu vas devoir te faire pardonner.

— Mon autre ligne sonne alors je te laisse et on se reparle.

— Salut Suzie

— Ogan, je ne sais pas où tu as passé la nuit, mais tu peux être certain que j'aurais eu besoin de toi.

— Désolé Suzie, j'ai bu et je me suis retrouvé chez mes parents.

— À cause de toi et ta colère envers moi, j'ai perdu le bébé cette nuit et je n'ai même pas pu te joindre.

— Quoi! Tu as perdu le bébé. Mais Suzie, je n'ai rien fait pour que tu perdes le bébé. Je suis parti au lieu d'être déplaisant.

— Le médecin a dit que c'était à cause que tu t'es fâché. C'est comme un traumatisme, car il n'a rien trouvé d'autre qui aurait pu causer ça. J'ai dû passer la nuit ici toute seule. Ce matin Nicole est venue me rejoindre, mais c'est toi que j'aurais voulu avoir près de moi.

— Ah Suzie! je ne voulais pas ça du tout, je suis vraiment désolé.

— Viens me chercher et nous en reparlerons à la maison. Je serai déjà en bas avec Nicole.

— Très bien, calme-toi je vais vous chercher immédiatement. Ça ne devait pas être trop long.

Pour les jours qui suivirent, Ogan était aux petits soins pour Suzie. Il arrivait de travailler et préparait le souper. Suzie disait que le médecin lui avait recommandé le repos complet pour deux à trois semaines. Aussi pour se faire pardonner, Ogan lui apporta des fleurs, il lui acheta un bracelet en or avec gravé sur le dessus ''je t'aime''. Il se sentait si coupable. Suzie lui répéta qu'il ne fallait plus jamais crier après elle.

Ogan alla dîner à la cantine du coin avec Zack et ils rencontrèrent Jules.

— Salut Ogan.

— Salut, content de te revoir.

— Comment ça va avec Suzie?

— Bien on a parlé et il s'avère qu'elle a passé la nuit à l'hôpital et elle avait essayé de me joindre, mais sans succès, j'avais fermé mon cellulaire. Alors ce n'est pas elle que vous avez vue.

— Désolé Ogan, mais nous lui avons parlé. Ogan nous étions là jusqu'à la fermeture à 3h00 du matin et elle est sortie juste avant nous. Ce doit avoir arrivé après. Mais elle avait l'air plus que bien, je t'assure.

— Jules, tu me dis ça comme si tu doutes. Pourquoi je sens que tu ne me dis pas tout?

— Hum ! À la fin de la soirée elle était toujours avec le même gars et … ils …. Ils s'embrassaient assez … farouchement. Disons que ce n'était pas de petites accolades. Désolé, mais si je te le dis, c'est parce que tu as toujours été mon ami et je n'aime pas ce que je pense.

Zack regarda son frère. Jules n'avait pas l'air d'aimer Suzie et Zack savait très bien qu'il ne l'aimait définitivement pas et lui non plus. Elle était trop audacieuse et arrogante. Elle se prenait pour une reine et cela l'agaçait.

— Tu vas devoir faire un ménage dans ta vie petit frère.
— Oui. Hé bien! pour l'instant vous allez devoir m'excuser. Je vais retourner au bureau.

Il disparut en flèche. Il entra chez lui ce soir-là et questionna Suzie. Il supportait souvent ses caprices, mais aujourd'hui le mensonge, pas question. Il voulait savoir la vérité.

— Bonsoir Ogan, tu as eu une bonne journée ?
— Non pas vraiment. Toi qu'as-tu fait ?
— Rien je crois que j'ai encore besoin d'un peu de repos.

Le téléphone sonna et Ogan répondit.

— Salut soeurette.

— Salut Ogan, est-ce que Suzie est là ?

— Oui, mais peut-elle te rappeler, elle est occupée pour l'instant?

Suzie était surprise. Ce n'était pas dans les habitudes d'Ogan de faire cela.

— Elle n'a pas besoin de me rappeler. Dis-lui juste que j'ai finalement acheté la jupe que nous avons vue ensemble aujourd'hui.

— Aujourd'hui !

— Oui, nous nous sommes rencontrées au centre d'achat.

— Très bien je lui fais le message. Merci

— Suzie, pourquoi dis-tu que tu n'as rien fait et que ma soeur dit qu'elle t'a rencontré aujourd'hui ?

— Je dois te dire tout ce que je fais maintenant. C'est quoi ça?

— Bon, c'est bien. À quelle heure as-tu essayé de me rejoindre le soir où tu es allée à l'hôpital ?

— Toute la soirée, je ne sais plus.

— À quelle heure es-tu allée à l'hôpital, tu t'en souviens sûrement?

— Environ une heure après ton départ. Je ne sais vraiment plus. Tu recommences à me harceler, je n'aime pas ça.

— Ah! Ah! Comment pouvais-je être si aveugle? Et avec qui as-tu dansé en boîte ce soir-là… jusqu'à environ 3h00 du matin ! ! !

Suzie ne parlait plus maintenant. Il savait et elle regrettait d'avoir été en boîte. Si elle n'y était pas allée, son plan aurait marché.

— Et tu sais quoi Suzie, j'ai eu de gros doutes après avoir appris cela. Alors j'ai fait un téléphone à l'hôpital aujourd'hui pour découvrir que tu n'as jamais passé la nuit-là. Alors quel jeu tu joues là? Dis-moi la vérité, étais-tu enceinte ou pas ?

— Non Ogan tu ne comprends pas. Je devais te donner une leçon, car tu me pousses à me trouver un emploi tout de suite, mais je ne suis pas prête et je voulais savoir si nous aurions un enfant tout de suite au lieu d'attendre, comment tu réagirais. Et tes parents ont tellement d'argent que je me disais que si je te poussais à en profiter que tu me remercierais plus tard.

— Qu'est-ce qu'on ne peut pas entendre ! Je n'étais pas juste aveugle, j'étais fou. Sors d'ici et je ne veux plus jamais te revoir et je ne veux pas que tu me téléphones non plus. Aucune excuse n'est acceptable pour ce que tu as fait. Sors avec ton linge, car c'est la seule chose qui t'appartient ici. Et n'oublie pas de laisser les clés sur la table avant ton départ.

— Mais où veux-tu que j'aille? Je ne sortirai pas d'ici c'est mon appartement aussi.

— Tu n'as strictement rien à ton nom. Tout est à moi, car j'ai tout payé, tout. Va chez ta chère amie qui a monté le complot avec toi ou chez tes parents. Peu m'importe. Sort.

— Espèce d'enculé. Tu le regretteras.

Suzie prit ses bagages et partit. Elle n'avait jamais vu Ogan dans cet état. Elle se disait qu'elle n'aurait pas dû sortir ce soir-là et passer la nuit avec ce gars. Elle réalisait qu'elle avait bien manqué son coup avec Ogan. Il lui faudrait trouver quelqu'un d'autre et vite si elle ne voulait pas travailler.

Ogan entra au bureau le lendemain et Zack vint prendre de ses nouvelles.

— Hé comment est allée ta soirée hier ?
— Je l'ai mise à la porte et je crois que j'aurais dû faire cela depuis longtemps. Ça va aller, je suis juste très fâché contre moi-même de m'être fait berner de la sorte.
— Si tu veux parler, je ne suis pas loin.

Ogan se sentait honteux. Se faire berner comme cela. Pas croyable. Si son frère savait encore qu'elle lui avait fait à croire qu'elle était enceinte et qu'elle avait perdu le bébé. Dieu merci, il ne l'avait annoncé à personne. Sa honte aurait été dévastatrice.

Il ne sortait pratiquement plus de son bureau et refusait les invitations de sa famille pour dîner hors du bureau. La seule qu'il voyait et disait bonjour le matin était Amélia, toujours présente à son poste.

Amélia était déçu pour lui, il faisait pitié. Lui qui était toujours souriant et amical. Il était devenu automate. Suzie semblait vraiment l'avoir blessé et Amélia était convaincu que Ogan ne méritait pas cela. Elle essaya de faire la conversation, mais rien ne marchait.

— Hé ! Aucun beau sourire ce matin pour moi maintenant. J'espère que je n'ai rien fait de mal Ogan. Il faudrait me le dire si c'est le cas.

— Non Amélia, ce n'est pas toi c'est moi qui n'a pas l'humeur ces temps-ci.

Amélia en avait assez de le voir se détruire comme cela. Elle savait très bien qu'il n'était plus avec Suzie et que c'était probablement sa peine d'amour qui le faisait souffrir. Même sa famille avait tout essayé. Plus tard vers la fin de la journée elle alla le trouver dans son bureau. Ferma la porte.

— Ogan j'aimerais te parler.

— Comment puis-je t'aider?

— Ogan, tu dois te reprendre un peu. Je sais que c'est dur j'ai passé par là. Je t'assure, le plus vite tu reprendras tes habitudes, le plus vite tu te remettras de ta peine d'amour.

— Hum ! Si tu savais Amélia, je suis si bien depuis que je l'ai mise à la porte. Je suis quand même encore très enragé contre elle et la situation qu'elle m'a fait vivre. Incroyable.

— Ah! tu l'as mise à la porte. Bon! écoute, je dois partir pour reprendre Annabella à la garderie, si tu veux en parler, demain on pourrait dîner ensemble.

— C'est bien parce que c'est toi. Ça va pour un dîner, mais je ne suis pas sûre de vouloir parler de ça.

— Très bien, mais nous irons dîner quand même. À demain et bonne soirée.

— Je vais me rendre à ton bureau pour 13h00 demain.

— Parfait.

Quand Johannie vue Amélia sortir du bureau d'Ogan, elle l'appela dans son bureau.

— Amélia, as-tu réussi à parler à Ogan ?

— Pas beaucoup, mais j'ai réussi à avoir un dîner avec lui demain.

— Merci Amélia. Je déteste voir un de mes enfants dans cet état.

— Ce n'est rien, j'étais aussi tellement malheureuse de le voir comme ça. Je vous donnerai des nouvelles demain. Croyez-vous que je puisse prendre un dîner plus long au besoin?

— Oui, absolument. Merci et bonne soirée.

— Vous aussi.

Amélia vint dans le bureau de Johannie dans l'après-midi pour lui dire que Ogan n'avait pas voulu parler de la situation de son couple, mais qu'il avait repris le sourire pendant le dîner. Il avait semblé se détendre. Johannie s'offrit à payer tous les dîners qu'Amélia prendrait avec Ogan. Elle voulait qu'elle l'invite de nouveau. Si cela pouvait lui faire du bien. Mais Amélia déclina son offre. Ogan ne l'avait pas laissée payer son dîner et elle était bien capable de payer ses dîners.

Les semaines passèrent et Ogan reprit ses habitudes. Il semblait de mieux en mieux. Ils allèrent dîner ensemble de plus en plus souvent. Amélia était bien avec lui. Il était si simple. Elle pouvait lui parler de n'importe quoi. Il l'écoutait toujours très attentivement. Amélia réalisa vite qu'elle devenait amoureuse d'Ogan. Elle devait se reprendre. Ils n'étaient pas de la même classe sociale et elle savait très bien qu'il la prenait pour son amie et cela s'arrêtait là. Elle ne voulait pas souffrir à nouveau ou détruire cette amitié. Elle avait organisé sa vie avec sa fille Annabella après le départ de son ex quand Annabella n'avait que quatre mois. Il n'était jamais revenu voir Annabella.

Ogan entra un matin et vit Amélia préparer ses choses pour partir, elle semblait affolée.

— Y'a un problème Amélia ?
— Oui, la garderie vient de me téléphoner. Il semblerait qu'Annabella se serait cassé un bras. Je dois m'y rendre immédiatement.
— Attends je dépose mes choses dans mon bureau et je viens avec toi.
— Ta mère s'est déjà offerte pour venir avec moi, elle refuse que je prenne un taxi.

Ogan alla voir sa mère et lui dit qu'il préférait aller avec Amélia. Johannie ne s'y opposa pas.

Amélia sortie de l'auto et Ogan la suivait de près. Elle fût surprise de voir qu'il entrait aussi dans la garderie. La garderie passa un banc d'auto à Amélia. À l'hôpital encore là, il entra dans la salle avec elles. Annabella s'était bien cassé le poignet.

— Ogan tu n'as pas besoin d'attendre, tu sais. Je peux très bien prendre un taxi pour me rendre à la maison.

— Non, il n'en est pas question. Je reste et je vous ramènerais chez vous.

— Merci Ogan, c'est très gentil.

Arrivé devant l'immeuble chez Amélia, Ogan vit qu'elle était pour entrer le banc d'auto dans la maison.

— Tu ne veux pas le mettre dans ton auto tout de suite au lieu de l'apporter dans l'appartement ?

— Non, je n'ai pas d'auto.

— Alors, laisse-le là et je vais le rapporter à la garderie.

Ogan prit Annabella dans ses bras et Amélia prit son sac. Elle se sentait mal à l'aise, elle n'aurait pas voulu qu'il voie son appartement. C'était un peu minable, car elle n'avait pas d'argent pour l'arranger à son goût et que ses meubles étaient vieux et dépareillés. Elle ne pouvait quand même pas lui dire de ne pas entrer. Il avait été si gentil pour elles.

Ogan déposa Annabella sur le canapé et elle lui donna un bisou sur la joue.

— Tu sais qu'elle n'est pas si proche des gens habituellement. Je suis surprise que tu aies eu un bisou.
— Elle est tellement adorable et d'une beauté à couper le souffle.
— Merci.
— Au revoir les filles.
— N'oublie pas de donner des nouvelles d'Annabella à ta mère en entrant au bureau. Nous nous reverrons vendredi, car je n'entre pas au bureau demain.
— Oui, compte sur moi. Si je l'oubliais, elle m'en voudrait. Une mère c'est ça.
— Une merveilleuse mère !
— Mais oui, je suis bien d'accord avec toi.

Ogan retourna au bureau, il informa sa mère pour Annabella et le vendredi Amélia était de retour au bureau. Le samedi après-midi, Ogan partit faire des emplettes et à la pharmacie il tomba sur une peluche avec un plâtre au bras. Cela le fit sourire. Il ne put s'empêcher de l'acheter. Il décida d'acheter une pizza pour les filles et il pourrait remettre la peluche lui-même à Annabella. Il réalisa que l'idée de passer la soirée avec Amélia ne lui déplairait pas. Il sentait par contre qu'il se servait de la condition d'Annabella pour arriver à passer cette soirée avec sa mère. Il se sentait si bien avec Amélia.

— Bonjour Amélia, c'est Ogan. J'ai un petit cadeau pour Annabella.

— Ogan ! Très bien tu peux monter.

Amélia était surprise. Déjà qu'elle n'aimait pas recevoir dans son appartement tellement il était minable. Mais ce n'est pas comme s'il ne l'avait pas vu, car la dernière fois, il avait monté Annabella jusqu'en haut, il avait bien vu son salon, propre, mais les meubles étaient si vieux. Elle ne pouvait certainement pas lui refuser de monter encore une fois là.

— Bonjour Ogan, entre.

— Je suis venu pour voir comment allait Annabella, je lui ai trouvé un petit trésor. Regarde cela Annabella, il a un bras dans le plâtre, tout comme toi.

Annabella prit la peluche et tendit les bras pour que Ogan la prenne dans ses bras.

— J'espère que ça va avec toi Amélia, j'ai apporté de la pizza pour nous. Je me sentais seul, alors quand j'ai vu la peluche j'ai pensé à vous deux et j'ai pensé que tu ne serais pas fâché contre moi.

— Non cela me fait plaisir. J'étais sur le point de commencer le souper. Je vais préparer les assiettes.

Amélia regardait Ogan et sa fille. Elle n'en revenait pas comme ils s'étaient adapté l'un à l'autre si vite. Sa fille n'avait pas l'habitude de la délaisser et là, elle l'ignorait totalement.

— Je suis jalouse là. Annabella n'a pas l'habitude de me délaisser pour quelqu'un d'autre. C'est la première fois. Je crois qu'elle est tombée en amour avec toi Ogan.

— Ah! Ah! Je crois que moi aussi. Elle est tellement adorable. Ah! mais c'est qu'en voyant la peluche, je n'ai pas pu résister.

— Je te comprends, cette peluche est si mignonne.

— Viens t'asseoir avec nous, apporte la pizza ici avec ce qu'il faut et nous mangerons au salon.

— Très bien. Les filles sont gâtées ce soir.

— Annabella que dirais-tu si on trouvait un nom à ta peluche.

— Toutou.

— Ah! tu veux l'appeler toutou.

— Non.

— Non, alors comment veux-tu l'appeler…suffit que je suis avec deux beautés ce soir, est-ce que tu veux l'appeler beauté ?

— Oui, beauté.

Ils mangèrent tous au salon. Annabella ne voulait plus débarquer des genoux d'Ogan. Amélia lui donna son bain et Ogan resta avec eux dans la salle de bain. Annabella s'amusait à arroser Ogan et Amélia. Quand Amélia se rendit mettre Annabella au lit, Ogan se rendit avec eux dans la chambre. Amélia se sentait tellement mal à l'aise, sa chambre était pire que le reste de son appartement. Personne ne venait la voir ce qui était bien pour elle dans ses conditions. Elle n'avait pas l'argent nécessaire pour se payer un appartement plus cher ou même acheter quelque chose qu'elle n'avait pas strictement besoin.

—   Tu veux une histoire Annabella.

—   Oui.

—   Tu sais Ogan, je crois que tu es l'être le plus généreux que je connaisse… et curieux. Tu nous suis partout, tu veux tout voir. Tu me fais rire.

—   C'est Annabella, je crois que je suis tombé en amour avec elle.

—   Bon, je vous laisse et je vais ramasser les restes de notre souper. Tu me rejoins au salon après.

—   Oui, mais pour la curiosité, c'est Zoé qui est la pire dans notre famille…attention à elle si tu crois que moi je suis curieux.

Ogan ne resta que cinq minutes avec Annabella pour sa petite histoire.

—   Elle est restée couchée, tu crois qu'elle va se relever ?

—   Non, elle est très gentille pour cela. Elle sait que je suis juste à côté, mais elle ne se relève pas.

—   Ouf ! T'aurais dû voir chez nous, nous étions cinq à nous relever. C'était l'enfer quelques fois. Pas pour nous, mais pour la nounou qui aidait ma mère. Avec cinq enfants et son travail, elle avait besoin d'elle.

—   Je n'aurais pas voulu voir ça.

—   Vous partagez la même chambre tous les deux.

— Tu sais Ogan quand on élève un enfant seule, on doit s'assurer d'avoir de l'argent de côté pour les mauvais jours. Et je mets aussi régulièrement de l'argent dans un compte pour les études d'Annabella. Il y a tellement de choses à payer. Nous sommes très bien comme cela.

— Oui, je te comprends Amélia. Ce ne doit pas être facile. Bon, maintenant je devrais aller.

Elle ne voulait plus le voir partir, mais plutôt qu'il reste. Elle aimait tellement être en sa présence. Elle était toujours seule avec sa fille, alors la compagnie d'Ogan était bienvenue pour une fois.

— Pourquoi ne restes-tu pas ? J'ai loué un film pour ce soir. On pourrait le regarder ensemble.

— Si tu veux. Je n'ai vraiment rien à faire. J'aurais pu sortir en boîte ce soir avec un ami, mais cela ne m'intéressait pas. Je n'aime pas la danse, le bar trop plein et la boisson juste en petite quantité, alors les bars ne sont pas vraiment pour moi. Plutôt un bon verre de vin à la maison, ça oui, ou encore une bière avec de la pizza.

— Alors c'est parti pour le film, mais je n'ai pas de vin.

— Il nous reste deux bières, je crois que cela fera pour ce soir. Si tu en prends une, je vais en reprendre une aussi.

— OK tu peux mettre le film et je vais chercher les bières.

Ogan la regarda s'en aller vers la cuisine et il pensa à Suzie. Comme elles étaient différentes. Amélia si douce et si simple, tandis que Suzie si... espiègle.

— Ogan arrête le film, j'ai pensé qu'on pourrait parler un peu avant de le regarder. J'aimerais que tu me parles de ce qui est arrivé avec Suzie. Tu as été si distant après votre rupture, tu semblais dévasté, fâché ou je ne sais trop. Est-ce que je me trompe?

— Non, tu as raison. Pour une fois que j'avais décidé que c'était fini les sorties dans les bars pour de bon et que je voulais m'installer, avoir des enfants. Par contre, je voulais finir notre installation avant. Je veux dire que moi je venais de débuter mon nouvel emploi, Suzie était à la recherche d'un emploi et le nouvel appartement tout ça c'était déjà beaucoup à gérer.

Un silence régna dans la pièce, trop long pour Amélia. Il semblait avoir tant de difficulté encore à en parler. Il avait dû l'aimer assez.

— Je suis désolée, je n'aurais pas dû te parler de cela.

— Ça va maintenant. Elle m'a tellement humilié. Si tu savais.

Amélia se rapprocha de lui et prit sa main. À leur contact, leur coeur s'emballa. Amélia regardait Ogan dans les yeux et rien n'existait plus. Elle n'arrivait plus à détacher ses yeux des siens. Elle devait se reprendre.

— Justement Ogan, je crois que je comprends. Ça me brise le coeur de te voir comme cela. Qu'est-il arrivé Ogan, dit-le moi.

Ogan regarda toujours Amélia dans les yeux et soudainement, il réalisa qu'il était sur ses lèvres. Un baiser si doux, il sentait la chaleur de son désir à elle aussi. Il entendit son coeur battre à toute vitesse, à moins que ce soit le sien, il ne le savait plus. Il savait par contre qu'Amélia répondait à son baiser avec autant d'énergie que lui. Elle le voulait aussi.

Ils se laissèrent aller. Ogan s'arrêta pour regarder Amélia de nouveau et reprendre son souffle. Qu'avait-il fait? Serait-elle fâchée contre lui?

Amélia se rapprocha de nouveau pour qu'il reprenne ses lèvres. Ni un ni l'autre ne semblait et ne voulait mettre fin à cet enlacement de feu et de passion. Finalement Amélia, le repoussa doucement.

— Qu'est-ce qu'on fait Ogan? Je suis désolé, c'était…plus fort que moi.
— Je ne sais pas non plus ce qui vient de se passer, mais je ne sais pas ce qui m'a pris. C'était plus fort que moi, tu es si belle, si douce et tu l'as toujours été à mes yeux. Mais tu étais inaccessible. Mais maintenant, tu sais Amélia quand j'étais plus jeune et que tu as commencé à travailler pour mes parents, la première fois que je t'ai vu, je suis tombé sous le charme. Mais

pour moi, jusqu'à aujourd'hui, je croyais t'aimer d'une très grande amitié, mais je crois que c'était beaucoup plus de l'amour qui vient tout juste d'exploser à mes yeux.

Ogan se pencha et lui chuchota à l'oreille.

— Je vais être honnête avec toi Amélia, je voudrais t'aimer tout entière, je voudrais te faire l'amour sans arrêt. Même quand j'étais avec Suzie, tu me faisais plus d'effet qu'elle. Je ne voulais pas comprendre ce que je vois aujourd'hui.

— Moi aussi Ogan, je dois être honnête avec toi. Je t'aime aussi, surtout depuis que je sais que tu n'es plus avec Suzie. Avant je repoussais tout ça parce que cela faisait si longtemps que tu étais avec Suzie, que je croyais que vous vous seriez mariés bientôt.

— Dieu merci que je n'ai pas fait cela. J'ai pu avoir un aperçu de ma vie avec elle avant d'avoir fait l'irréparable. Ça aurait été une catastrophe.

— L'autre chose Ogan est que je ne suis pas la fille à vouloir des histoires d'un soir, je ne veux rien savoir de cela. Et aussi, j'ai Annabella et la vie d'un couple n'est pas pareille avec un enfant. Tu l'as vu dans son meilleur jour avec le sourire, mais quelques fois elle ne va pas bien, elle pleure, elle boude et elle a de très mauvaises journées. C'est beaucoup plus difficile quand y'a un problème. J'ai très peur d'avoir une relation avec un homme, qu'elle s'attache à lui et qu'ensuite, il disparaisse de sa vie à nouveau comme son père lui a fait.

— Comme tu sais, j'étais avec Suzie depuis très longtemps et j'étais fidèle. Alors les histoires d'un soir ne sont pas pour moi non plus. Tu sais Amélia, je vous aime toute les deux et les enfants ne m'ont jamais fait peur… ce n'est pas comme si nous venions juste de nous rencontrer, nous nous connaissons très bien depuis longtemps déjà. Je te connais et tu me connais. On sait tous les deux qu'on est de bonnes personnes. Je crois qu'il est moins risqué dans ce cas de l'essayer.

— Oui, c'est vrai ce que tu dis… Et j'en ai très envie aussi. Alors nous allons essayer et nous verrons. J'aimerais quand même que pour une certaine période, que nous n'en parlions pas au bureau jusqu'à ce qu'on soit plus sûre, plus à l'aise dans notre relation.

— Viens, rapproche-toi. C'est raisonnable ce que tu demandes et je suis parfaitement d'accord.

— Nous devons nous promettre que si cela ne marche pas, nous resterons bons amis et que nous allons toujours nous respecter au bureau par la suite.

— D'accord avec ça aussi, mais je ne vois pas comment cela ne marcherait pas.

— Maintenant, parle-moi de ce qui est arrivé avec Suzie et toi. Je dois savoir Ogan.

— Très bien. Elle m'a fait à croire qu'elle était enceinte et quand elle me l'a annoncé, je n'étais pas content, car nous nous étions mis d'accord pour attendre de nous installer dans notre nouvel appartement, moi je venais de commencer mon emploi et Suzie cherchait toujours un emploi? J'étais tellement fâché parce qu'elle disait avoir manqué quelques pilules, mais intérieurement je sentais le mensonge en elle, mais je ne pouvais en être certain. Aussi elle a de nouveau ressorti l'histoire que mes parents étaient très riches et que je devais leur emprunter de l'argent. Elle revenait toujours à l'argent de mes parents. Alors je suis sorti, je me suis retrouvé dans un bar et ensuite réveillé chez mes parents.

— Alors tu t'es retrouvé chez tes parents ?

— Oui, t'imagines mon père et ma mère dans ma chambre le matin pour me réveiller. Je croyais rêver quand j'ai ouvert les yeux.

— Ah! Ah! oui j'image le portrait. Assez drôle. Ils n'étaient pas fâchés que tu te retrouves là.

— Mes parents fâchés ! Non, je ne crois pas les avoir déjà vu fâcher.

— Moi non plus depuis que je les connais. Continue.

— Quand je suis entrée chez moi je l'ai appelé et finalement elle m'a dit qu'elle avait perdu le bébé par ma faute parce que j'avais crié et j'étais parti fâché. Je suis allé la chercher à l'hôpital. Elle m'attendait à la sortie, alors je croyais que cela était vrai. Finalement j'ai appris par un ami qui l'avait vu en boîte qu'elle avait dansé avec un homme toute la soirée et une partie de la nuit. Ensuite il dit qu'ils sont partis ensemble vers 3h00 du matin. Cela ne coordonnait pas avec l'heure qu'elle avait perdu le bébé. Je l'ai mis dehors, j'en avais assez de ses supercheries…j'ai utilisé certains pouvoirs d'avocat pour découvrir qu'elle n'avait pas du tout été admise à l'hôpital. T'imagines ma frustration. C'est là que j'ai réalisé que je ne l'aimais plus depuis un certain temps. Ce n'était devenu qu'une habitude d'être ensemble. Pire depuis qu'elle savait que mes parents étaient riches. Aussi ma famille ne l'aimait pas beaucoup, je le savais très bien, mais je crois que je ne prenais pas ma vie en main.

— C'est terrible de t'avoir fait ça. Mais pourquoi te dire qu'elle était enceinte si elle ne l'était pas? Tu l'aurais quand même vu après un certain temps.

— Elle disait que si je l'avais accepté, elle aurait pu tomber enceinte pour le vrai. Réellement, je crois qu'elle est folle. Elle voulait un enfant tout de suite pour ne pas avoir à aller travailler et profiter de l'argent de mes parents.

— Quelle histoire!

— Ce n'est pas tout.

— Quoi! Y'a plus.

— Elle disait qu'elle avait fait tout cela pour ….
Me punir, parce que je ne voulais pas comprendre que
mes parents pouvaient ou même devaient nous donner
de l'argent depuis qu'elle avait vu dans une revue les
familles les plus riches de la région, elle en était
devenue folle. Je ne l'ai pas vu venir. Je crois que j'étais
aveugle. Avec la fin de mes études et le début de mon
nouveau travail, cela prenait tout mon temps et mon
esprit.

— L'argent peut rendre fou, mais qu'est-ce que je
trouve malheureux c'est qu'elle ne voyait pas l'homme
honnête qu'elle avait et la chance d'une vie heureuse
qu'elle a laissée passée.

— Tu m'estimes beaucoup. Mais moi aussi je sais
que tu es une bonne personne et c'est pour cela que je
ne veux pas laisser passer ma chance.

— Ogan, regarde-moi. J'ai été pendant deux ans
avec Louis avant de tomber enceinte et nous le voulions
tous les deux cet enfant. Regarde où j'en suis
aujourd'hui. Il s'est tiré avec tout l'argent que je mettais
de côté, ce qui se soldait à environ $20,000.00 avec
l'argent de la succession de mes parents. Je n'avais plus
rien, même pas d'argent pour acheter du lait et des
couches à ma fille qui allait pour naître deux semaines
plus tard. Il n'est jamais revenu pour voir sa fille. Crois-
moi, je sais très bien qu'on ne peut pas savoir. Mais
j'aurais dû voir les signes. Toi au moins, tu les as vus et
tu as fait la meilleure chose pour y remédier.

— Tu as raison.

— Mais une chose qui m'a échappé dans tout ce
que tu m'as dit. Tu t'es servi de…certains pouvoirs
d'avocat ?

— Hum…disons que cela doit rester un secret.
Y'en a qui ne serait pas content de savoir que j'ai utilisé
leur nom. Mais Amélia, je devais savoir la vérité.

— Ah! Ah! petit malin avec ça. Ne t'inquiète pas
pour ton secret. Il est bien gardé. Mais quel nom as-tu
utilisé au juste ?

— Laisse tomber…quelque chose dans le genre ''le
plus gentil de la boîte''.

— Pauvre Emmanuël s'il savait.

— Hé! comment sais-tu?

— T'as bien dit le plus gentil.

— Hum, je croyais que c'était moi le plus gentil
vraiment. Alors le plus gentil après moi.

— On regarde ce film.

— Oui.

Quand Amélia s'apprêtait à mettre le film en marche,
elle se maudit intérieurement, car elle avait choisi un
film romantique avec elle en était sûr, quelques scènes
de nudités. Elle se sentit rougir. Elle venait à peine d'y
penser et c'est elle qui lui avait demandé de rester pour
voir le film. Tant pis se dit-elle. Il était trop tard pour
trouver une excuse, elle aurait l'air ridicule d'une façon
ou d'une autre.

— Tu es sûr Ogan que tu veux voir le film, on peut
aussi continuer à parler.

— Non, non. On regarde le film.

Elle devait se résigner. Elle mit le film et alla s'asseoir près d'Ogan. Il restait une heure au moins au film à jouer et tous les deux sentaient la chaleur monter en eux. À deux reprises, Ogan se rendit à la salle de bain pour essayer de reprendre ses esprits. Mais en vain, son corps n'en pouvait plus, le contrôle devenait de plus en plus difficile. Il devait partir d'ici, mais comment dire à Amélia ''Ah! tu m'excuses je dois partir maintenant, j'ai une érection qui me fait mal...merde''

Ogan s'approcha d'Amélia un peu plus. Il lui chuchota à l'oreille en l'embrassant dans le cou.

— Si tu n'arrêtes pas ce film, je ne pourrai plus répondre de moi.
— Ogan, je crois qu'il est trop tard pour cela. Je ne peux déjà plus répondre de moi-même.

Ils ne regardaient plus le film. Ils s'embrassèrent passionnément un long moment et Ogan prît le visage d'Amélia dans ses mains et lui dit qu'il l'aimait vraiment et qu'il ne la décevra pas. Il continua à l'embrasser, puis descendit dans son cou. Il l'allongea sur le divan et reprit ses baisés passionnés. Amélia gémissait déjà juste à le sentir descendre pour rejoindre ses seins, après les avoir caressés avec sa langue et les avoir doucement suçotés, il continua son parcourt vers le bas avec sa langue et ses baisés torrides.

Elle se rendit compte qu'elle était à moitié nue et que lui n'avait toujours rien enlevé. Elle commença à déboutonner sa chemise et au moment où elle défaisait le bouton de son pantalon, il recommença à la lécher autour du nombril et descendit entre ses cuisses. Elle perdu l'idée de ce qu'elle était en train de faire et son cerveau vola en éclat. Ça faisait si longtemps. Son corps répondait violemment sans qu'elle ne puisse rien y faire. Son désir était trop fort. Elle voulait Ogan, elle le voulait maintenant.

— Ah! Ogan continu, n'arrête plus s'il te plaît.

Ogan redoubla ses caresses. Puis il se mit à remonter tout aussi doucement et Amélia ne pouvait empêcher son bassin de se mouvoir. Elle entreprit de continuer ce qu'elle avait commencé, mais au lieu d'essayer d'enlever le pantalon d'Ogan, elle aurait voulu le déchirer. Elle le voulait en elle. Ogan l'aida et il se mit à fouiller dans ses poches, mais réalisa vite qu'il n'avait pas acheté de condoms, car avec Suzie il n'en utilisait pas et ne croyait pas en avoir besoin avant de rencontrer une autre femme. Jamais il n'aurait cru tomber dans les bras d'Amélia si vite. Mais elle était déjà dans ses bras et toute nue si belle, elle l'attendait lui.

Il regarda Amélia qui se mouvait toujours sur le divan. Il décida de continuer à lui faire l'amour oral.

— Ogan, viens je te veux en moi.

— Est-ce que tu prends quelque chose pour te protéger, car moi je n'en utilisais pas, elle prenait la pilule et je ne m'attendais vraiment pas à cela ce soir? Je n'étais pas venu avec cette intention… mais je ne peux te résister. Malheureusement je n'ai pas de condom sur moi.

— Je ne prends pas la pilule, car depuis plus de trois ans que je suis seule alors…cela ne me donnait rien. Vient Ogan, je ne peux pas penser que nous allons nous arrêter là, je vais devenir folle. S'il te plaît peux-tu essayer de ne pas éjaculer en moi? Je te promets de te faire jouir la minute suivante, mais n'arrête surtout pas. Je veux te sentir en moi.

Ogan ne put résister à ses paroles. Il l'a voulait aussi autant qu'elle.

— Oui, viens t'asseoir sur moi.

Elle s'assoyait doucement sur son pénis pour pouvoir sentir toute la bonté, la délivrance et la sensation de bonheur que cela lui procurait. Elle en frémissait des pieds à la tête.

— C'est si bon Ogan, y'a tellement longtemps que je rêvais de le faire avec toi. Mais c'est tellement meilleur que dans mes rêves.

— Ah! Amélia, tu me rends fou, je voudrais te faire l'amour toute la nuit. Je voudrais rester en toi à jamais. Je t'aime chérie…Ah Am…Amélia. Tu es si belle…si douce. Tu m'enflammes.

Ils divergèrent doucement, mais sûrement vers le septième ciel et Ogan dût, à contrecœur prendre Amélia par les hanches et l'étendre sur le divan pour finir de la faire jouir et ensuite quand il sentit qu'il l'avait pleinement satisfaite, il lui présenta son pénis qu'elle gratifia du même amour qu'il venait de lui donner.

— Ogan, c'était merveilleux.
— Plus que merveilleux. J'ai hâte de te refaire l'amour déjà. Tu crois que je peux prendre une douche sans réveiller Annabella.
— Je crois que si elle ne s'est pas déjà éveillée avec nos ébats sexuels que nous venons d'avoir, c'est qu'elle dort bien.
— Très bien, alors je vais prendre une douche.
— J'irais bien avec toi, mais j'ai peur qu'on ne puisse pas se retenir. Ogan, n'oublie pas les condoms demain.
— Demain !
— J'aurais espéré…que tu reviendrais avec la petite boîte…tu sais.

Ogan se rendit dans la salle de bain et ne put s'empêcher de penser à ce qu'Amélia venait de dire ''demain''. Il se devait d'acheter une grosse boîte de condoms. Il était heureux, il se sentait tellement bien avec elle. Il la connaissait depuis longtemps, mais pas dans l'intimité, pas de cette façon.

— Je n'ai pas réveillé Annabella j'espère.

— Non. Tu dois vraiment partir ?

— Oui, si je reste ici et que nous n'avons pas de condom, je vais devenir fou. À moins qu'on ne fasse que dormir.

— Je suis d'accord, je suis si bien dans tes bras. C'est comme si j'attendais ce moment depuis toujours.

— Très bien. À quelle heure est-ce qu'Annabella se réveille habituellement? Je veux me lever avant qu'elle voie que nous sommes couchés ensemble.

— C'est toujours moi qui la réveille après que je suis prête, elle est très paresseuse le matin. Alors on va se réveiller ensemble et il n'y aura pas de problème.

— D'accord, alors vient nous allons nous coucher…et dormir.

Ogan parti avant qu'Annabella soit debout, il passa chez lui se changer et il revint chez Amélia quelques minutes avant qu'elles partent pour la garderie.

— Ogan !

— Amélia, je suis revenu, il pleut et je ne veux pas que tu marches jusqu'à la garderie et prendre le bus après. Alors je vous attends en bas.

— Ogan…je descends.

Amélia arriva en bas, prit place à l'avant avec Annabella sur ses genoux pour discuter avec Ogan.

— Ogan je suis habituée. Tu n'avais pas à faire ça. Et si on nous voit arriver au bureau ensemble. Ils vont nous poser des questions. Aussi, je ne peux pas promener Annabella dans une auto sans siège.

— Regarde à l'arrière. Va l'asseoir et nous discuterons en chemin.

— Ah! Ogan, tu penses à tout.

Amélia dût se résigner et alla asseoir Annabella dans le siège d'auto.

— Ne t'inquiète pas Amélia, je dirai que je t'ai vu attendre le bus.

— Ogan, nous habitons dans la même ville, mais un à l'opposé de l'autre. Je suis sûre qu'ils vont te croire.

— C'est vrai. Je dirai que je devais passer chez un ami avant de venir au travail. Et demain, si quelqu'un nous voit encore, et bien je trouverai une autre excuse.

— Demain ! Mais on ne peut pas arriver ensemble tous les matins. Ils vont savoir et nous nous étions entendus qu'on ne le disait pas tout de suite. Malgré qu'hier était assez révélateur pour moi.

— Moi aussi, définitivement.

Ils entrèrent au bureau et personne ne semblait les avoir vus. Ogan trouvait la journée longue. La seule chose qu'il avait en tête était Amélia. Ils avaient dîné ensemble, mais ils n'arrivaient pas à faire la conversation, tous les deux ne pensaient qu'à refaire l'amour. Amélia finit par aller voir Ogan dans son bureau en après-midi. Elle n'était pas occupée et n'en pouvait plus.

— Salut Ogan, j'espère que je ne te dérange pas.

Ogan se leva, ferma la porte, la barra et prit Amélia dans ses bras. Il chuchota à son oreille.

— Hein! Je suis allé à la pharmacie tantôt, j'ai acheté une grosse boîte de condom.
— Hum! Et moi j'ai pris un rendez-vous pour reprendre la pilule. Alors on va être bien équipé pour ne plus arrêter. J'ai peur que nous allons avoir des nuits courtes.

Ogan n'arrêtait pas de l'embrasser dans le cou et lui réponde en laissant ses mains balader partout. Il leva sa jupe et glissa sa main dans sa petite culotte.

— Ton p'tit cul est si doux. Tu me fais perdre la tête.
— À cet instant, Amélia pensait qu'elle devait faire des achats un peu plus sexy à l'avenir.
— Ogan si quelqu'un venait dans ton bureau.
— C'est barré.
— Oui, mais…Ah Ogan…S'ils….

Il l'embrassa et ne put résister à aller jusqu'au bout, il voulait la faire jouir. Elle ne pouvait plus s'arrêter. Elle crampa ses doigts dans les épaules d'Ogan.

— Oh ! Ogan. Qu'est-ce que tu m'as fait? C'était si bon. Ce n'est pas pour cela que je suis venue, mais je crois que maintenant je vais pouvoir aller finir ma journée de travail.

— Je t'aime Amélia. Je ne peux plus me passer de toi. Tu es constamment dans ma tête. C'est comme si nos corps étaient faits l'un pour l'autre. C'est si intense. Je n'ai jamais ressenti cela pour une autre femme.

— Moi aussi, c'est pour ça que je devais venir te voir. Si on ne travaillait pas au même endroit au moins, ce serait peut-être moins pénible. Mais de te savoir si près de moi. Je t'aime, mais je dois maintenant retourner à mon bureau. De quoi j'ai l'air?

— D'une belle femme que je viens de faire jouir.

— Ogan ! Tu es très drôle, tu sais de quoi je parle.

— Tu es parfaite. Rien ne paraît. Juste un bel éclat dans tes yeux.

— La prochaine fois, ce sera ton tour chéri. Assure-toi que personne n'a la clé de ton bureau. Je ne suis pas sûre que s'ils viennent frapper à la porte, que nous les entendrons!

— Reviens ici.

— Non, je dois vraiment retourner à mon bureau et si tu me touches, je ne pourrais pas te résister.

Elle retourna à son bureau et personne ne semblait l'avoir manqué. Elle se sentait bien. Son impatience avait disparu. Ogan passa la voir à l'heure du départ pour voir si elle voulait embarquer avec lui et elle avait toujours peur qu'ils soient vus à arriver et partir ensemble.

— Je vais t'attendre sur la rue à l'arrière. Ne t'en fais pas, personne ne te verra.

— O.K., mais je ne veux pas que tu te sentes obligé de me ramener chez moi chaque soir.

— Tu ne veux plus que j'aille ce soir.

— Oh! oui, oui. Mais je pensais que tu viendrais plus tard. Mais si tu veux venir souper avec nous, cela me ferait très plaisir.

— Alors, je t'attends dans la rue arrière.

Il sortit et ne laissa pas à Amélia le temps d'ajouter quoi que ce soit. Elle alla le rejoindre et ils passèrent chercher Annabella. Ogan aida à s'occuper d'Annabella, il l'aida même à faire la salade tandis qu'elle préparait le repas. Elle ne pourrait plus jamais se passer de cet homme. Elle n'avait jamais eu comme modèle autour d'elle, des hommes qui levaient même le petit doigt pour aider leur femme. Il était si merveilleux. Comment Suzie pouvait-elle lui avoir fait une chose pareille et ne pas avoir vu qu'elle avait une perle dans les mains? Merci à elle quand même, elle ne le méritait pas de toute façon et si cela n'était pas arrivé, Amélia n'aurait jamais pu connaître ce qu'était l'amour. Une journée passée avec lui équivalait à toute une vie pour elle. Plus rien de ce qu'elle avait connu n'existait. Elle ferait tout pour cet homme et elle en était convaincue. Comment une vie pouvait-elle changer si vite? Pour ce qui était des malheurs, ça, elle le savait, mais le bonheur avait si souvent passé à côté d'elle, sans jamais la toucher.

Tout était nouveau pour elle dans cette relation. Elle aspirait toujours à rencontrer un homme avec qui elle se serait bien entendu pour pouvoir faire sa vie avec lui et donner une bonne éducation à sa fille…mais là, avec l'amour qu'elle ressentait dans son coeur pour Ogan. C'était certainement ça le bonheur.

Elle avait très bien évalué le risque qu'elle prenait en se laissant aller dans une relation avec Ogan, elle pouvait perdre l'homme qu'elle aimait, son travail, ses amis qui étaient toute la famille d'Ogan. Elle risquait très gros, mais impossible de le repousser puisque c'était lui qu'elle aimait en secret depuis ses débuts au cabinet. Chaque fois qu'il venait au bureau, elle en salivait sans pouvoir rien y faire que d'oublier qu'il était passé troubler sa vie.

— Je me dois de l'essayer, j'aime cet homme.

Pendant qu'elle donnait le bain à sa fille, Ogan avait fait la vaisselle et tout rangé. Ils jouèrent avec Annabella pour un moment, elle ne voulait plus lâcher Ogan. C'était toujours Ogan pour tout. Amélia s'en réjouissait en elle-même. Alors Ogan dut aller la coucher et lui raconter une autre histoire, car elle l'avait fait la journée d'avant.

Quand elle fût endormie, Amélia demanda à Ogan s'il voulait prendre une douche avec elle. Ils allèrent faire l'amour dans la douche, sur le canapé, dans la cuisine et finir sur le plancher du salon. Ils se couchèrent à 2h30 du matin. Le levé allait être dur.

Deux semaines plus tard, Ogan décida qu'il était pour vieillir à vu d'oeil s'il ne retrouvait pas son lit bientôt. Alors il partit faire quelques achats. Il ne voulait pas passer son temps avec un petit sac de voyage quand il avait un appartement luxueux qu'il se ferait un très grand plaisir à partager avec les deux femmes qu'il aimait le plus. Il ne pouvait pas penser à se séparer d'eux. Deux semaines, sa vie était devenue le bonheur total. C'était ce qu'il recherchait.

Il avisa Amélia qu'il ne dînerait pas avec elle, car il devait se rendre à un rendez-vous et qu'il la verrait juste le lendemain. Il partit faire les achats en question qui consistaient en un lit et un bureau pour Annabella pour qu'il puisse les apporter chez lui. Plus tard si tout allait bien, il lui demanderait d'emménager avec lui. Mais il voulait lui faire la surprise pour les meubles d'Annabella pour qu'elle ne puisse pas l'en empêcher. Il était pour acheter des meubles qui constitueraient une chambre d'ami par la même occasion.

Il se rendit au centre d'achat, il vit un lit baldaquin blanc et rose d'où il se trouvait. Il ne put résister.

— Au diable la chambre d'ami !

Quand il ressortit, il avait acheté le lit baldaquin, la commode, le linge de lit. Il sortit avec un sac contenant le linge de lit. Les meubles lui seraient livrés l'après-midi même à sa demande. Il avait déjà acheté un siège d'auto pour Annabella le lendemain de leur rencontre. Si leur couple n'avait pas marché, ce qu'il doutait à tout haut point, il lui aurait donné.

— Ogan !

— Ah! Zoé.

— Qu'est-ce que tu fais avec ça?

— Oh! …je...Ah! écoute je vais te le dire, mais tu devras ne rien dire aux autres pour le moment et tu devras aussi libérer ta soirée pour venir m'aider à faire une chambre d'enfant.

— Je suis bouche bée là, explique-moi.

— J'ai rencontré une femme merveilleuse et elle a une fillette tout aussi merveilleuse qu'elle. Le problème c'est qu'elle habite dans un appartement… Hum… un peu minable tu vois. J'ai décidé de faire une chambre pour sa fille, comme ça elles pourront venir coucher chez moi. Je me disais que j'avais un appartement super et j'ai besoin de retrouver mon lit.

— C'est qui, je la connais ?

— Non, tu ne la connais pas et tu la connaîtras quand nous serons prêts.

— Bon, c'est bien, mais j'ai hâte de la connaître. Maintenant je comprends pourquoi tu sembles si fatigué ces temps-ci. Ah! Ah! Ah! les parents se le demandent aussi.

— Ne parle de ça à personne pour l'instant. Promis ?

— Bon c'est d'accord. À quelle heure tu veux que je me rendre chez toi ?

— Tu peux venir après le bureau et je vais commander pour souper, comme cela nous pourrons commencer plus vite.

— O.K., fais-moi savoir quand tu pars du bureau et je ne serai pas longtemps derrière toi.

— Je ne retourne pas au bureau aujourd'hui. Alors, viens quand tu es prête.

Zoé retourna au bureau et elle avait l'habitude de se confier à Amélia. Avec les années, elles étaient devenues complices toutes les deux.

— Amélia, si tu as une minute, tu viendras dans mon bureau.

— Cinq minutes et je viens te voir. Tu sembles tout excitée.

— Oui.

Amélia passa à la salle de bain avant, car elle ne se sentait pas trop bien. Probablement le manque de sommeil auquel elle n'était pas habituée. Elle pensa que c'était peut-être bien qu'elle dorme seule ce soir pour reprendre de son sommeil un peu. Elle se rendit voir Zoé qui l'attendait avec les yeux clairs. Elle semblait très heureuse.

— Qui a-t-il qui t'excite comme cela Zoé ?

— Écoute, je suis allée au centre d'achat et j'ai rencontré Ogan qui sortait d'un magasin pour enfant. J'étais vraiment surprise. Alors il m'a dit qu'il avait rencontré une femme avec une fillette et qu'elles étaient merveilleuses toutes les deux. Je crois qu'il est vraiment en amour cette fois-ci. Je ne l'ai jamais vu si heureux. Même avec Suzie, la différence est dramatique.

Amélia souriait et ses yeux brillaient de bonheur.

— Et puis…t'a-t-il dit qui c'était ?

— Non, mais il est vraiment en amour. Juste à en parler, on pouvait voir l'amour dans ses yeux. C'était quand même beau à voir, mais moi en même temps j'étais déçue, car … secrètement j'aurais aimé qu'il se tourne vers toi.

— Oh ! Je ne sais pas quoi te dire. Bien je suis très contente pour lui. Là je dois retourner travailler.

— Attends, je ne t'ai pas dit le meilleur. Imagine-toi qu'il a acheté des meubles pour enfant et qu'il va les recevoir cet après-midi. Il m'a demandé de l'aider ce soir à faire la chambre d'enfant. J'y vais juste pour la curiosité, car je ne connais quand même rien aux chambres d'enfant.

— Il a fait ça !

— Oui, hé ! que dirais-tu de venir avec moi? On pourrait passer chercher ta fille et l'amener avec nous. Tu seras meilleure que nous deux pour des conseils du côté de la sécurité et tout ça. Ne dis pas non, je sais que tu ne sors pas beaucoup et j'aimerais vraiment que tu m'accompagnes.

Amélia avait soudainement envie de rire comme une folle. Elle essayait d'imaginer Ogan quand elles entreraient avec Zoé. Il lui avait fait une petite cachette et la tentation était trop forte.

— Oui très bien. Je suis sûre que nous allons nous amuser.

— Très bien et ne t'inquiète pas, je te ramène chez toi après.

— Merci.

Amélia retourna à son bureau, mais son esprit n'y était pas. Elle voulait jouer le jeu et lui faire la surprise. Elle avait très hâte.

Elle et Zoé avaient toujours été très près l'une de l'autre depuis son arrivée dans le cabinet. Amélia n'avait pas vraiment d'objection à ce que Zoé soit au courant de leur relation. Zoé et elle s'étaient toujours confiées l'une à l'autre. Mais cette relation d'amitié se limitait qu'au bureau, elle n'était pas moins importante pour Amélia.

Amélia était impatiente de voir la surprise d'Ogan, mais aussi de Zoé. Elle avait bien vu qu'Ogan semblait courbatu parce qu'il était habitué à beaucoup plus de confort que son vieux lit pour finir leur nuit. Mais de là à aller acheter des meubles pour Annabella. Elle se sentait gênée par cette situation. Mais c'était son choix à lui et c'était déjà fait. Elle n'y pouvait rien et l'aimait beaucoup trop pour affecter sa relation avec lui pour cela. Elle croyait fermement dans cette relation.

— Bonjour Ogan, j'espère que je ne te dérange pas.

— Non pas du tout.

— Je me demandais si tu étais près du bureau si tu pouvais me laisser le siège d'auto pour Annabella. J'ai une amie qui voudrait passer me prendre et nous irions chercher Annabella ensemble à la garderie.

— Sans problème, je te l'apporte.

— Merci chéri.

Zoé et elle partirent pour aller prendre Annabella à la garderie et se rendent chez Ogan. Amélia ne savait plus où mettre la tête. Avait-elle bien fait d'accepter? C'est elle qui avait demandé à Ogan de garder le secret. Maintenant Zoé va probablement s'en apercevoir. Non, elle va s'en apercevoir c'est sûr. La situation sera drôle et c'est tout. Il était trop tard pour retourner en arrière. Zoé sonnait maintenant pour entrer chez Ogan.

— Bonjour.

— C'est Zoé.

— Je ne lui ai pas dit que tu venais alors on va lui faire la surprise.

— Oui...pour être surpris, il va l'être. Ah! Ah! Ah!

Ogan ouvrit la porte et Annabella lui sauta dans les bras sans attendre.

— Ogan, Ogan.

Zoé regardait Ogan, elle était stupéfaite.

— O.K. … ai-je manqué quelque chose? Comment connais-tu si bien la belle Annabella toi, pour qu'elle te saute dans les bras… et t'appelle par ton nom?

Ogan et Amélia souriaient et Zoé comprit que c'était Amélia qui était la femme qu'il avait rencontrée.

— Ah merveilleux! Je suis si contente pour vous deux. Mais Amélia tu m'as bien fait marché.
— Et moi aussi. La belle surprise que je voulais vous faire à Annabella et à toi.
— Oui, mais je n'ai pas pu résister. La situation était si drôle que j'ai sauté sur l'occasion. Alors je crois que c'est moi qui te fais une belle surprise.
— Ah! je t'aime toi. Venez voir ça les filles, j'ai une belle surprise pour Annabella, oui juste pour toi ma belle.

Zoé et Amélia étaient bouche bée tellement l'ensemble était merveilleux. Le lit, la commode et la maquilleuse étaient délicats et si beaux pour une petite fille. Amélia avait les larmes aux yeux. Il avait fait tout ça pour elle et sa fille.

— Hé! Approche, ne pleure pas, ce n'était pas mon intention. J'ai juste pensé que nous serions mieux chez moi et Annabella avait aussi besoin d'avoir du confort comme nous.

Il la prit dans ses bras et lui donna un doux baisé sur les yeux et Annabella fît comme lui, elle donna des baisés sur les yeux de sa maman.

— Vous êtes vraiment heureux ensemble, plus je vous regarde et plus je vois comme…une lumière qui brille autour de vous trois. Vous êtes beaux à voir.

— Oui, nous le sommes. Mais nous aimerions l'annoncer nous-mêmes aux autres si tu n'en vois pas d'inconvénient.

— Non je vous comprends. Je suis si contente. Je disais justement à Amélia que j'aurais voulu que ce soit elle que tu aimes. Ah! Amélia, tu m'as bien eu.

Il commanda pour souper, fit la chambre tous ensemble. L'harmonie était merveilleuse.

— Moi je dois y aller. Merci de m'avoir fait partager ce beau moment avec vous trois. C'est merveilleux. Amélia ta fille est magnifique et elle a déjà enjôlé mon frère.

— Oh! Elle ne le lâche pas d'une semelle.

— Ça lui va bien une fillette dans les bras. Qui aurait cru ça de mon p'tit frère. Je suis si contente. Est-ce que je vous ramène ?

— Certainement pas, Annabella va essayer sa nouvelle chambre. À demain soeurette et merci d'avoir gâché ma surprise.

— Ne me dis pas que tu vas t'en plaindre.

— Non, sûrement pas, je les garde avec moi. Au revoir.

Ils donnèrent une bise à Zoé qui partait avec un gros sourire sur les lèvres. Elle était très heureuse pour eux.

— Ogan, je n'ai rien apporté pour demain et pour Annabella et moi.

— Nous allons allez chercher tes choses et tu pourras revenir passer la nuit avec moi.

— Moi qui me disais qu'une bonne nuit de sommeil me ferait le plus grand bien.

— Alors nous dormirons.

— Sans nous toucher, tu es fou. J'en ai déjà l'eau à la bouche et mon corps frémit en ta présence.

— Viens alors, on doit sortir immédiatement pour se rendre chez toi, sinon…

— Oui, allons-y

À leur retour, ils installèrent Annabella dans son nouveau lit pour la nuit.

— Tu viens, on va aller dormir nous aussi.

— Tu ne veux pas qu'on nettoie un peu avant.

— Demain, viens vite, je n'en peux plus d'attendre depuis que tu m'as dit que tu avais l'eau à la bouche. Et je te promets que nous allons le faire seulement qu'une fois et qu'après je vais te laisser dormir.

— Tu veux que je te montre ce que je peux faire quand j'ai l'eau à la bouche.

— Il se pencha pour la prendre dans ses bras et lui chuchoter à l'oreille.

— Hum, avec ta bouche aussi.

— Disons que l'autre jour avec ce que tu as fait de mon corps…j'ai aussi envie d'explorer ton corps. Tu es si musclé, je ne veux pas manquer un muscle de ce beau corps.

— Arrête de parler et passe à l'action, car je ne me rendrai pas bien loin avec tes paroles. Finalement, je ne te croyais pas si…si…si affamée.

— Ah! Ah! Ah! Alors, ne bouge pas, c'est toujours moi qui me retrouve nue avant toi. Cette fois-ci tu ne me touches pas avant que je te l'accorde.

Elle lui enleva sa chemise lentement en lui donnant des baisés partout et en utilisant sa langue aux bons endroits pour le faire languir et frémir comme il l'avait si bien fait avec elle. Elle voulait lui donner le même plaisir. Elle lui enleva le reste de son linge tout aussi lentement et quand il fût nu, elle lui ordonna de s'étendre sur le lit et elle débuta par caresser ses pieds et monta avec sa langue son assertion vers le haut.

— Tu me rends fou Amélia. Continu bébé.
— C'est bon de te faire l'amour.

Ogan baissa les yeux sur Amélia.

— C'est très bon ce que tu me fais là chérie. Hum… aaaaa.

Ogan mit ses mains chaque côté de sa tête pour encourager ses mouvements. Sa bouche était si douce et si parfaite, il en devenait fou.

— Arrête maintenant bébé, vient t'asseoir sur moi, viens je veux être en toi. Je veux t'aimer Amélia.

— Non, laisse-moi te faire jouir, j'ai envie de la voir jouir et de goûter à ce plaisir.

— Aaaaaa ! tu…Aaaaaaa Amélia, n'arrête plus, c'est tellement bon. Hum.

— Tu as été merveilleuse bébé. Je t'imaginais pas comme ça.

— Tu n'es pas déçu hein ? Tu sais Ogan, je n'avais jamais fait cela avec mon ex. Mais avec toi, j'en ressentais le besoin. Je devais te goûter de partout. Mon corps en a frémi.

— Je t'aime. Tu sais que je ne pourrais plus me passer de toi. Aujourd'hui je me demandais comment on avait pu se voir si souvent et ne pas voir cet amour. Je n'ai jamais ressenti rien d'aussi fort avec aucune femme.

— Je t'aime tellement aussi. Nous étions en couple, j'imagine que nous avons refoulé nos sentiments pour ne pas avoir mal.

— Oui. Viens, je vais te montrer ma salle de bain avec une belle grande douche, faite juste pour nous deux.

— On peut laisser la porte ouverte pour que je puisse entendre Anna…

— Aucun problème.

Ils refirent l'amour dans la douche, ensuite prit un verre de vin tout en discutant de leur vie respective que l'un ne connaissait pas encore de l'autre. Ils se sentaient compatibles à cent pour cent.

Le lendemain ils entrèrent ensemble au bureau et comme ils entrèrent, Fédérick et Johannie les regardaient entrer.

— Bonjour les enfants.

Ogan alla embrasser ses parents.

— Bonjour

Johannie suivait Frédérick dans son bureau au lieu de se rendre dans le sien.

— Frédérick, est-ce que tu penses la même chose que moi?
— Tu es drôle ma chérie, tu me demandes souvent cela, mais non je ne sais pas ce que tu penses.
— Ah les hommes! vous ne voyez rien. Ils entrent ensemble, le sourire radieux et les yeux, que pour eux. Fédérick…j'ai vraiment senti quelque chose d'électrique entre eux.
— Johannie ma chérie, je crois que tu te fais des idées. Et si tu as des doutes, pourquoi ne pas parler à Ogan, il te le dira, mais j'aimerais mieux que cette réponse soit non? Pour être honnête, j'ai toujours eu peur qu'un des garçons…profite un peu de notre douce Amélia.
— Frédérick s'il te plaît, tu ne crois pas qu'elle pourrait être heureuse avec un de nos garçons. Je serais très heureuse de l'avoir comme belle-fille.

— Moi aussi, ce n'est pas ce que je dis.

— Je sais très bien ce que tu dis et si un de nos garçons l'utilisait pour un soir, il aurait affaire à moi directement.

— Bon, je crois que tu devrais aller clarifier la situation avec ta tornade de petit garçon.

— Je vais les surveiller pour un jour ou deux et on verra. Comme tu dis, je dois peut-être me tromper.

Amélia ne se sentait pas bien soudainement. Elle avait mal au coeur. Elle ne dormait plus assez. Elle alla à la salle de bain se rafraichir, mais aussitôt entrer, elle dut courir pour vomir. Elle avait définitivement besoin de dormir une bonne nuit de sommeil.

Le soir elle allait très bien, mais elle disait à Ogan que si elle ne dormait pas une bonne nuit qu'elle ne se sentirait pas mieux le lendemain.

— Tu sais si tu as besoin d'une journée de congé, mes parents n'y verront aucune objection, mais je suis d'accord...Pas de câlins ce soir.

— Oui pour un câlin et on va essayer pour le reste que cela soit non.

— Occupe-toi d'Annabella et je vais te faire couler un bain moussant pour que tu te reposes.

— C'est très gentil Ogan.

Amélia alla s'occuper de coucher et lire une histoire à sa fille et se laissa cajoler ensuite en commençant par son bain et Ogan vint la trouver pour lui faire un message aux épaules quand elle était dans le bain. Elle était si bien, personne ne s'était jamais occupé d'elle comme cela avant. Mais le lendemain, le même scénario se produisit, elle avait encore vomi.

— Non, non ce n'est pas ça, ce n'est pas possible. Nous avons les condoms et la pilule… impossible.

Les larmes lui coulaient sur les joues. Elle ne pouvait même pas penser que cela pouvait arriver, surtout pour Ogan qui venait d'avoir une affreuse expérience avec Suzie.

— Si c'est cela, je ne pourrai jamais y faire face. Faire cela à Ogan, déshonorer sa famille. Ils ont toujours tous été si bons avec moi. Je savais pourtant le premier soir que nous l'avons fait, nous n'avions pas de protection… je ne peux me pardonner cette négligence… je savais.

Elle retourna à son bureau, puis dut se rendre à l'évidence. Elle ne pourrait pas finir sa journée de travail. Elle alla voir Johannie pour avoir le reste de la journée. Johannie n'avait aucun problème avec ça. Amélia ne soupçonnait pas que Johannie avait vu et entendu. Tandis qu'Amélia se préparait à partir, Johannie alla voir Frédérick.

— Chéri, je suis peiné. Je suis sûr qu'Amélia est enceinte de nouveau. Le problème c'est que je sais qu'elle n'a pas de conjoint en ce moment, ou depuis peu si c'est le cas. Pourtant Frédérick, je suis quand même surprise. Ce n'est pas Amélia…y'a quelque chose que je ne comprends pas.

— Ah non, cet enfant est si merveilleuse. Tu sais, dans la vie nous avons eu beaucoup de chance, mais quand on voit la vie d'Amélia, elle ne semble pas en avoir eu beaucoup de son côté. Et elle est tellement orgueilleuse. Elle ne veut accepter aucune charité, aucune aide. Nous l'aiderons indirectement si c'est le cas. Ce n'est pas comme si nous n'avons pas les moyens.

— Oui, c'est une bonne idée. Il faut juste trouver un moyen de le faire sans la blesser. Si jamais c'est le cas, je crois que nous devrions commencer par lui trouver un appartement. Nous pourrions juste lui dire que ce logement nous appartient et que nous n'arrivons pas à trouver personne pour l'instant. Elle n'habite pas dans un très bon quartier.

Ogan qui passait devant le bureau de son père vit ses parents qui étaient soucieux.

— Hé ! Y'a un problème.
— Oui, mais n'en parle pas pour l'instant. Cela fait deux matins qu'Amélia est malade, elle est partie chez elle. Je suis certaine qu'elle est enceinte. Mais toi Ogan qui va dîner souvent avec elle, est-ce qu'elle t'aurait parlé d'un nouveau conjoint dans sa vie ?

Ogan était gelé sur place, impossible d'articuler quoi que ce soit. Il ne savait plus quoi répondre. Il était sur le point de leur dire, mais non ce n'était pas le temps. Si c'était le cas, c'était sa faute. Il pensait à la première fois qu'ils avaient fait l'amour.

— Vous dites qu'Amélia est partie chez elle. Je vais essayer de la rattraper et l'apporter chez elle. On ne peut pas lui laisser prendre le bus dans cette condition.

Il sortit comme une flèche en laissant ses parents estomaqués.

— Je n'ai même pas eu le temps de lui dire qu'elle était déjà partie en taxi. Faites que je n'ai pas raison dans mes doutes, je connais très bien mon fils et ce regard, cette façon de se sauver. Rassure-moi Frédérick, il n'aurait pas fait une histoire d'un soir avec Amélia. Ah! dis-moi que non.
— Je ne lui souhaite pas, car il a avoir à faire à moi et pas le bon moi.

Ogan ne voyait Amélia d'aucun côté. Il se rendit chez elle et attendit pendant deux heures. Il décida de se rendre chez lui...personne non plus. Elle ne répondait pas au téléphone.

— Ah! qu'est-ce que je lui ai fait? Merde que j'ai été imbécile. Elle doit m'en vouloir.

Il décida d'aller attendre Amélia à la garderie, mais elle l'avait devancé. Il retourna l'attendre chez lui, peine perdue. Il retourna à son appartement, toujours rien. Il ne put fermer l'oeil de la nuit. Il entra au bureau et ne vit toujours pas Amélia.

— Maman, est-ce qu'Amélia entre aujourd'hui ?

— Non elle a téléphoné et elle ne sera pas ici pour le reste de la semaine. Elle dit qu'elle ne se sent pas bien et qu'elle doit voir un médecin.

— Merci maman. Si elle rappelle, peux-tu t'assurer que je lui parle?

Ogan tourna le dos avant que sa mère ait le temps de lui poser une question.

— Ogan revient ici mon garçon. J'ai à te parler. Frédérick, tu viens aussi.

— Maman, papa.

— Tu n'as pas vu Amélia hier.

— Non, elle était déjà partie et je ne l'ai pas rattrapée. Je suis même allé chez elle et elle ne s'y est pas rendue de la soirée.

Sa mère resta stupéfaite, ces doutes se confirmaient de plus en plus. Pour qu'il se fasse du souci à ce point, il y avait bien quelque chose.

— Ogan, s'il te plaît, dis-moi que tu n'as pas utilisé Amélia pour une histoire d'un soir.

— Maman ! Je ne suis pas ''ce'' genre d'homme.

Non, mais qu'est-ce qu'elle me demande? Merde!

— Mon fils, si jamais tu as fait cela. Ne la laisse pas tomber. Ta mère et moi l'apprécions beaucoup cet enfant et elle ne mériterait pas cela.

— J'ai bien dit NON. Ce n'est pas mon style de faire une chose pareille.

— Ah merde! Qu'est-ce que je dis là…si elle est enceinte, c'est bien ce que j'ai fait…non, c'est loin d'être une histoire d'un soir.

— Alors je vais te donner un numéro d'une amie qu'elle a. Elle me l'avait donné pour urgence. Si tu es son ami, va l'aider.

— Merci maman. Merci

Il courut à son bureau pour pouvoir appeler Amélia. Celle-ci ne regarda pas qui téléphonait et répondit.

— Bonjour

— Amélia chérie. Pourquoi t'es-tu enfui comme cela. S'il te plaît, pardonne-moi de t'avoir fait cela, mais…

— Ogan, mais de quoi parles-tu ?

— Et bien, ma mère disait être certaine que tu étais enceinte.

— Mais….mais….Comment peut-elle savoir ça?

Amélia commença à pleurer…je ne l'ai dit à personne Ogan. C'est de ma faute, tu sais j'ai tellement honte de te faire ça après ce que Suzie t'a fait et puis de déshonorer ta famille. Je suis vraiment désolée Ogan. Si tu savais comme je suis peinée et bouleversée. Je ne sais plus quoi faire.

— Amélia, pour commencer, c'est de notre faute. On est un peu égale là dedans, je crois. Amélia, laisse-moi aller te chercher et nous allons aller chez moi pour en discuter …qu'est-ce que je dis là, je ne veux pas en discuter. Je veux t'avoir près de moi avec Annabella et le bébé. Je t'aime chérie. Je ne vois plus ma vie sans vous. Amélia, ce n'est pas du tout pareil comme avec Suzie, tu n'es pas Suzie et ma vie n'est pas la même avec toi. Je t'aime vraiment et nous aurons ce bébé.

— Ogan, moi aussi je t'aime, mais j'ai tellement honte de retourner au travail. En plus, tu me dis que ta mère l'a déjà deviné. Elle doit être très fâchée contre moi.

— Non, elle n'était pas fâchée. Hum, elle ne sait pas que c'est moi. Je n'ai rien dit pour l'instant. Donne-moi l'adresse et je pars te chercher tout de suite.

— Ogan, tu dois me croire pour une chose, je n'ai pas manqué de pilule depuis que je l'ai commencé, je te le promets. C'est sûrement arrivé le premier soir que nous avons fait l'amour.

— Amélia, je sais maintenant que toi tu ne serais même pas capable de me faire cela. Oublie ça, donne-moi l'adresse.

Elle lui donna l'adresse et il partit pour les chercher immédiatement. Ils se rendirent à l'appartement pour discuter.

— Chérie, il y a une chose que je veux mettre au clair. S'il te plaît, ne me dis jamais que tu veux avorter, c'est une chose que je n'accepterai pas.

— Non Ogan, je n'en serais pas capable moi-même.

— Dans ce cas nous sommes d'accord. Nous allons avoir un enfant.

— Oui, je t'aime, tu es si compréhensif. Je n'ai tellement pas l'habitude de ça, que je ne sais plus comment gérer la situation.

— Dans combien de temps allons-nous avoir le bébé?

— Quelque chose vers le mois d'août, mais je dois voir le médecin demain avant d'en être certain. Tu acceptes si facilement Ogan. Pour moi c'est comme si le ciel m'était tombé sur la tête. Tu crois vraiment que ta famille va accepter cela sans m'en vouloir.

— Je ne suis même pas inquiet. Viens là. Je t'aime ma chérie.

Ils firent l'amour une partie de la soirée après qu'Annabella fût endormie. Le lendemain Ogan se rendit au travail, mais il défendit à Amélia d'y aller, car il voulait un jour ou deux pour pouvoir arranger les choses et aviser ses parents.

Ogan n'arrivait pas à dormir, il repensant à ce que ses parents lui avaient dit.

— Bonjour Ogan.

— Bonjour Papa

— Tu as vu Amélia hier, elle va bien j'espère?

— Oui, tout va bien et même très bien. Elle avait besoin d'un peu de réconfort.

— Ah! c'est bien d'avoir un ami sur qui compter.

— Oui.

— Je suis venu pour t'inviter samedi prochain pour souper à la maison.

— Je ne sais pas papa, j'avais déjà des plans. Peut-être la prochaine fois. Merci

Frédérick avait le sourire aux lèvres.

— Ah! c'est très malheureux, car justement c'est pour la fête d'Amélia qu'on fait ce souper ta mère et moi.

— Oh ! Dans ce cas, je ne peux pas dire non. Je vais me libérer.

— C'est bien ce que je pensais. Tu amènes quelqu'un avec toi ?

— Non, je vais être seul.

Frédérick alla retrouver Johannie et ils rirent de la situation. Mais ils n'avaient pas eu de confirmation qu'elle était enceinte encore jusqu'à ce que Zoé leur en parla en les voyant tous les deux si bouleversés de la situation. Ils étaient pour l'apprendre d'une façon ou d'une autre, pourquoi les laisser s'inquiéter. Frédérick avait bien taquiné Ogan.

Ogan parti dans l'après-midi, il ne voulait pour rien au monde manquer la visite chez le médecin.

— Salut les belles filles.
— Ogan, Ogan.

Annabella lui sauta dans les bras.

— Elle a pleuré pour toi aujourd'hui, elle te cherchait dans toute la maison.
— Elle est tellement adorable.

Ils se rendirent tous les trois chez le médecin. Celui-ci confirma que le bébé serait là vers le mois d'août, mais qu'une échographie serait nécessaire pour confirmer la date exacte, ainsi que le sexe du bébé s'ils voulaient savoir.

— Ah Ogan ! je n'en reviens toujours pas que cela m'arrive.
— Dans ce cas tu n'as qu'à penser comment notre première nuit d'amour a été passionnée. Le bébé pour moi c'est ça. Il a été créé dans l'amour et la passion.

Amélia prit la main d'Ogan et la porta à ses lèvres.

— Quel homme sur terre peut être plus merveilleux que toi… personne.

— Dans ce cas, il n'est plus question de parler de désagrément par rapport à ta grossesse. Ce bébé sera le bienvenu. Nous sommes d'accord ?

— Oui… oui je suis d'accord. Je l'aime déjà.

— Pour changer de sujet, est-ce que tu as reçu une invitation aujourd'hui ?

— Oui, je voulais t'en parler. Ta mère m'a téléphoné pour m'inviter samedi pour souper.

— Elle t'a dit pourquoi elle t'invitait.

— Oui, tes parents ont décidé d'inviter tous leurs employés pour les remercier. Ogan, si elle sait, elle va probablement me poser des questions.

— Elle n'est pas sûre, elle disait avoir un doute, alors, ne t'en fais pas.

Après qu'Amélia fût endormie, il la regarda dormir et il savait qu'il ne pourrait plus vivre sans cette femme. Même avant qu'il apprenne la grossesse, il savait que c'était elle la femme de sa vie. Alors il aimait vraiment Amélia, il devait mettre sa famille au courant qu'il était maintenant en couple…qu'ils allaient avoir un autre enfant…

— Ah! Ah! Ah! C'est vraiment juste à moi que quelque chose comme cela peut arriver. Mes parents ne me surnommaient pas Tornade pour rien.

Il mit sa main sur le ventre d'Amélia et chuchota au bébé, j'espère que tu seras plus sage que moi…c'est ton papa.

Amélia s'était réveillée et elle le vit faire ce geste, elle en pleurait.

— Je suis riche.
— Quoi!

Ogan pensa soudainement à Suzie qui ne pensait qu'à l'argent. Il devint soudainement blême, il ne pouvait s'être fait faire cela encore, non. Dieu merci, Amélia ajouta que sa richesse était le coeur de l'homme qui était penché sur elle.

— Ah! Tu m'as fait peur. Rendors-toi chérie.

Il laissa de nouveau aller ses pensées et une idée lui vint. Il va lui proposer le mariage chez ses parents samedi. Personne n'aura rien à redire. Il s'endormit très heureux d'avoir eu cette idée.

Le lendemain Ogan se rendit à la bijouterie. Il allait les rendre heureuses ses princesses. Il voulait acheter une bague de fiançailles et un autre cadeau pour la fête d'Amélia, ainsi qu'une petite chaîne pour Annabella.

— Bonjour jeune homme, comment puis-je vous aider?

— Bonjour, je voudrais voir vos bagues de fiançailles.

— Certainement. Suivez-moi par ici, vous avez trouvé l'amour de votre vie, je peux le voir dans vos yeux.

— Oui, c'est vraiment l'amour de ma vie.

— Dans ce cas, vous voudriez peut-être lui acheter une perle rare.

— Montrez-moi.

Il choisit une bague délicate sertie d'une pierre Brézilienne aqua marine. C'était différent, mais Amélia n'était pareille à aucune femme à ses yeux.

— Maintenant, ce sera aussi sa fête et nous attendons un bébé, avez-vous quelque chose de spécial à me montrer.

— Oui, j'ai un bracelet merveilleux. Vous pouvez ajouter les breloques que vous voulez, des choses qui ont une certaine importance pour elle, ceci personnalisera le bracelet. Voilà le bracelet et ici sont toutes les breloques. Mais nous avons aussi un catalogue pour les breloques.

— Wow ! Merveilleux comme vous dites. Je vais prendre le bracelet et trois lettres, deux A et un O. Je vais aussi ajouter une princesse et un hochet.

— Vous aimez vraiment cette femme.

— Oui. Je vais aussi ajouter une petite chaîne pour une jeune fille de trois ans.Que je rêve d'adopter en épousant sa mère.

— Trop beau. J'ai le petit coeur parfait pour cela.

— Alors, préparez-moi trois emballages cadeaux avec cela. Je serai l'homme le plus heureux.

Il se retourna pour voir qui entrait et tomba sur Zack.

— Pourquoi cette ville est énorme, même très énorme et je tombe toujours sur ma famille quand ce n'est pas le temps.

— Ah! Ah! Ah!, mais qu'est-ce que tu fais ici Ogan.

— Et toi.

— Un cadeau pour Amélia.

— Ah! oui, moi aussi.

Zack regarda tout ce que la vendeuse avait aligné sur le comptoir pour pouvoir emballer à cet endroit.

— Tout ça ? ? ?

— Oui.

Zack ouvrit la petite boîte rouge et vît la bague. Il regarda son frère avec les sourcils arqués. Ensuite il ouvrit la longue boîte verte pour y trouver un bracelet avec les breloques. Il regarda encore son frère avec une question de plus et de l'inquiétude à voir que son frère semblait être en train de se ruiner pour une femme. Il décida d'ouvrir la troisième boîte, il fût très surpris d'y trouver une petite chaîne.

— Tu les aimes vraiment.

— Tu ne me demandes pas pour qui?

— Tu es vraiment plus naïf que je croyais Ogan. C'est bien ce que j'aime de toi.

— Bien drôle, pourquoi tu dis ça?

— Ogan, tu crois vraiment que je n'ai pas vu les beaux yeux que tu fais toujours à Amélia et elle te les renvoie. Je suis content pour vous deux.

— Zoé te l'a dit ou quoi.

— Non, juste très facile à voir quand vous êtes dans la même pièce les feux d'artifice fusent de tous les côtés. Bon, il me semble que tu as tout acheté. J'achète quoi moi? C'est pour qui le petit coeur, pour sa fille?

— Tu peux lui prendre des boucles d'oreilles et oui le petit coeur est pour Annabella, ma petite princesse. Elle est tellement adorable cet enfant. Tu as probablement deviné que la bague est pour mes fiançailles.

— Tes fiançailles, ah hé bien là non. Tu m'as eu. Je suis content pour vous deux. Je vous vois bien ensemble. Elle le sait.

— Non, personne à part toi. Je veux dire pour les fiançailles. Zoé sait que nous sommes ensemble, mais pas plus.

Zack sortit avec des boucles d'oreilles. Ogan repensait à ce que Zack lui avait dit. Ses parents n'étaient pas faciles à berner, ils devaient probablement savoir. Lui qui pensait faire une surprise à sa famille. C'est lui qui devenait de plus en plus surpris.

Le samedi matin, Amélia était si nerveuse. Jamais elle n'avait été invitée chez les Mezzo. C'est sa fête aujourd'hui, mais Johannie lui a déjà remis son présent au bureau, la journée d'avant. Peut-être se doutait-elle pour Ogan et elle. Le téléphone sonna et la sortie de ses pensées.

— Oui bonjour.

— Salut chérie, je voulais te dire que j'ai fini mes emplettes et que je passe vous prendre dans trente minutes.

— Nous serons prêtes. Ogan … je me sens très nerveuse. Tu crois vraiment qu'on devrait arriver ensemble.

— Oui, ne t'inquiète pas, il n'y a aucun problème chérie. Rien ni personne ne peut se mettre à travers notre amour. Et mes parents t'adorent déjà, alors comment peuvent-ils ne pas accepter notre union?

— Ce n'est pas notre union qui me fait honte, c'est que je suis enceinte.

— Non Amélia, arrête, car je suis l'homme le plus heureux de la terre, du reste, les autres ne comptent pas. C'est nous et nos enfants qui comptons. Le bébé ne change rien à l'amour que j'ai pour toi.

— Je t'aime. On va t'attendre en bas.

Ils arrivèrent dans la maison familiale des Mezzo et tous les autres étaient déjà arrivés. Ogan se sentit soudain embarrassé. Il arrivait chez lui avec une famille! Mais rien ni personne ne pourrait lui enlever ce qu'il venait d'acquérir. Amélia était nerveuse. Annabella pour sa part était bien accrochée au cou d'Ogan. Elle était effrayée par tous ces adultes qui parlent en même temps. Elle se relaxa après un moment.

—   Ogan chéri, tu sembles t'être fait une bonne amie.

—   Oui, elle est bien accrochée. Annabella, tu te souviens de Zoé. C'est la plus tannante de la famille.

—   Ah! c'est bien les présentations. Bonjour Annabella, toujours aussi mignonne.

—   Mignonne tu dis. Mais c'est la plus belle princesse que je n'ai jamais vue. Moi je suis le papa d'Ogan, Frédérick. Tu voudrais venir avec moi pour chercher un biscuit et un jus à la cuisine?

Frédérick avait dit le mot magique ''biscuit''. Elle prit la main de Frédérick et ils partirent à la conquête du biscuit promis.

—   Papa! J'ai quelque chose à être jalouse. J'ai toujours été la seule fille ici…et la seule princesse. Mais je lui laisse mon nom volontiers suffit qu'elle ressemble vraiment à une vraie princesse.

—   Il est à peu près temps qu'il y ait de l'action ici. La maison est trop monotone par moment. Vous êtes trop tranquille maintenant.

Quand Frédérick et Annabella revinrent au salon, Ogan leur annonça qu'il avait une nouvelle à leur annoncer. Le silence se fit automatiquement. Mais tous avaient le sourire aux lèvres, car le portrait que formait ce couple n'était pas dur à deviner. L'amour se lisait dans leurs yeux et dans leurs gestes l'un envers l'autre.

— Oh! Attendez, je dois aller chercher quelque chose.

Ogan prit le coffre rouge qu'il avait laissé dans sa poche de manteau, revint au salon et s'agenouilla devant Amélia. Elle avait le souffle coupé.

— Amélia, veux-tu m'épouser?

Les larmes d'Amélia coulèrent, ceux de Johannie et Zoé suivirent. Amélia les regardait tous comme si elle attendait leur accord. Son regard revint dans celui d'Ogan.

— Oui, je t'aime Ogan et je ne pourrais plus aimer personne d'autre.
— Je t'aime aussi. Il lui passa la bague au doigt et l'embrassa.

Amélia sentit la chaleur lui monter aux joues. Tous passèrent les prendre dans leur bras et les féliciter. Frédérick ouvrit le champagne et les invita à passer au jardin avant le repas. Après le repas ils revinrent au salon où un gâteau attendait Amélia.

— Johannie, est-ce possible ou je me trompe si je dis qu'il n'y a pas beaucoup d'employés ici? C'était pour cela que vous m'aviez invité. Vous faites déjà tellement pour moi, je vous remercie. Vraiment c'est trop.

— Je devais juste m'assurer que tu ne dises pas non à notre invitation.

— Gâteau maman.

— Ta fille n'est pas du même avis que toi.

Après s'être tous régalés, Ogan alla chercher le cadeau d'Amélia et celui d'Annabella.

— Amélia, je n'ai pas vraiment fini de te faire souffrir ce soir.

— Ogan, que me fais-tu?

— Annabella, viens voir maman. Amélia voici une petite boîte qui est pour Annabella, mais avant de lui donner, je voudrais avoir ton accord pour l'adopter officiellement la même journée de notre mariage.

Amélia se remit à pleurer à chaudes larmes.

— Ogan, je ne devrais peut-être pas dire cela, mais je ne peux me retenir tellement ce sentiment est fort en moi. Comment Suzie ne voyait pas l'homme que tu es vraiment, je ne comprends toujours pas? Je t'aime Ogan et Annabella a déjà fait son choix pour toi. Elle est aussi en amour avec toi.

— Annabella ma chérie, je serai ton papa. Je t'aime ma poupée. C'est facile on est déjà complice.

Il prit la chaîne et la mit au cou d'Annabella. Ensuite il donna le cadeau de fête à Amélia.

— Amélia, voici un cadeau très spécial pour ta fête, car il représente notre famille qui sera toujours avec toi.

Elle ouvrit la boîte qui contenait le bracelet avec les breloques.

— Merci Ogan. Je veux me marier demain, jamais je ne veux te perdre.

Tous furent surpris et partirent à rire. Ils présentèrent leur cadeau à Amélia et ensuite Ogan demanda à nouveau le silence. Amélia rougit de nouveau. Johannie la vit et elle vint s'asseoir près d'elle.

— Amélia, tu sais il est très dure de berner une femme qui a eu cinq enfants.
— Ah! Johannie vous saviez. Je suis si désolé. Nous n'avions pas prévu cela, mais il est là et nous l'aimons déjà.
— Oui ma chérie, mais je ne savais juste pas qui était le père.

Ogan n'avait plus un mot à dire. Il fût soulagé de l'aide de sa mère.

— Bon, je n'ai plus rien à dire. Vous êtes maintenant officiellement grand-mère, grand-père, tante et oncle.

— Félicitation à vous trois. Ogan tu me fais vraiment sentir très très petit en ce moment. Je suis le plus âgé et c'est le plus jeune qui me fait un coup pareil. J'ai l'air ridicule. Tu me pousses à y penser sérieusement.

— L'amour ne se commande pas Michaël. Quand on le trouve, on le sait, crois-moi.

— Comment pourrais-je tous vous remercier pour les beaux cadeaux et aussi votre acceptation de me voir entrer dans votre famille de cette façon?

— Oh ! ma chérie. Le plus beau cadeau que toi tu pouvais nous faire était bien d'entrer dans notre famille. Et pour le travail, tu ne dis jamais non pour faire quelque chose pour nous, c'est toujours bien fait, n'est-ce pas les enfants, tu es une travaillante exceptionnelle, tu sembles être une mère aimante pour ton enfant et je suis sûre que tu seras une épouse parfaite. Alors c'est une grande joie pour nous. Je crois qu'Ogan sera un homme très heureux.

— Je le suis déjà maman.

— Merci…merci mille fois. Soyez assurés que j'aime travailler pour vous tous et j'aime votre fils…depuis longtemps, mais il était déjà engagé, alors je n'osais pas m'interposer dans leur relation.

— T'aurais dû.

Ogan aidé de ses frères déménagea Amélia et Annabella. Ils étaient heureux ensemble.

— Nous devons décider d'une date pour le mariage. Amélia, je dois te demander si tu étais mariée à Louis ou vous étiez seulement conjoint.

— Seulement conjoint.

— Alors si cela te va, nous allons pouvoir nous marier à l'église.

— Oui, c'est un rêve de fille ça. J'y compte bien.

— Les gars aussi aiment ça. O.K. j'imagine qu'on a toujours hâte que ce soit fini, mais non, c'est quand même une fierté pour un homme de voir sa future femme venir à lui dans la grande allée.

— Nous allons quand même devoir faire vite, car je veux me marier avant la naissance du bébé et si possible, je préfèrerais ne pas être … un ballon qui vient vers toi dans l'allée.

— Je vais te marier n'importe comment chérie. Alors on doit commencer au plus vite. Ma famille peut nous aider au besoin.

— J'ai bien l'intention de prendre une fille d'honneur…comme Zoé, elle sera contente.

— Oui ça, c'est une affaire de fille. Annabella va aussi jouer un rôle important dans le mariage. Elle sera notre bouquetière et j'aimerais signer les papiers pour l'adoption immédiatement après notre cérémonie. Oh ! j'oubliais, on doit apporter les papiers reliés à la naissance d'Annabella pour que mes parents s'occupent de faire le nécessaire pour l'adoption. Je dois aussi te dire que nous allons devoir retrouver le père pour qu'il approuve.

— Il n'a rien à approuver, il n'a pas voulu la reconnaitre comme sa fille.

Ogan la prit dans ses bras.

— Tu sais Amélia, tu disais chez mes parents comment Suzie ne m'avait…apprécié à ma juste valeur, mais je dois dire la même chose de Louis. Dieu merci, car nous sommes ensemble aujourd'hui et je suis l'homme le plus heureux.

— Merci chéri d'adopter Annabella, si tu savais comme cela me touche.

— Tu veux rire, je vous aime toutes les deux.

— Nous aussi on t'aime. Je parle aussi pour Annabella, mais tu sais qu'elle est folle de toi.

— Oui, et je ne m'en plains pas. C'est toujours bon pour l'égal d'un homme ça, d'avoir deux femmes folles de lui. Bon, si on est d'accord, je te laisse les choses de filles comme fille d'honneur, bouquetière, gâteau et ces choses-là et moi je m'occupe de la date du mariage, de l'endroit du mariage des garçons d'honneur, mais nous allons quand même nous consulter.

— Ça me semble bien parfait.

— Et puis notre voyage de noces as-tu une idée de l'endroit.

— Ogan, tu sais bien que je n'ai pas les moyens de payer le mariage, tu nous as déjà donné de merveilleux cadeaux à Annabella et moi, en plus du bébé à venir, je crois que nous devrions passer sur le voyage de noces et nous irons un plus tard.

— Attends...laisse-moi penser. Non pas question!

— Bon, je n'ai jamais voyagé à part partir de chez moi et venir ici. Tu vas devoir choisir et je vais te suivre.

— Tu sais, j'ai déjà demandé à mes parents pour prendre soin d'Annabella pendant notre voyage.

— Ah! t'as fait ça toi. Petit coquin. Tu es un homme adorable.

— L'Italie, ça te dirait.

— L'Italie...Hum je te suivrai au bout du monde. Mais pourquoi l'Italie dis-moi. Ce serait quand même loin d'Annabella.

— Mon père est Italien, il y habitait quand il a rencontré ma mère. Elle était en voyage avec ses parents. C'est là que tout a commencé pour eux. J'ai encore de la famille là bas. Nous y allions souvent en famille, mais après la mort de ma grand-mère il y a environ une dizaine d'années, nous n'y sommes plus retournés. J'aimerais bien te faire rencontrer ma famille italienne. Ils sont merveilleux. C'est un monde différent.

— J'aimerais bien les rencontrer.

— Pour ce qui est d'Annabella, elle doit passer du temps avec mes parents avant le voyage pour bien s'adapter, mais si on voit que cela pourrait être difficile pour elle, nous allons devoir l'amener avec nous.

— Alors ce sera l'Italie. Et pour Annabella, nous discuterons avec tes parents.

— Merci, ce sera un voyage mémorable. Je te le promets Amore.

Annabella passa quelques jours avec Johannie et Frédérick et tout allait bien de ce côté. Mais une semaine avant le mariage, Frédérick alla voir Ogan dans son bureau.

— Ogan
— Oui papa, vient t'asseoir
— Tu sais ce que tu as fait à toutes nos femmes?

Ogan sourit à son père.

— Non, mais dis-moi.
— Chaque fois que nous les cherchons, elles ont disparu, elles sont encore parties faire les magasins.

Nous sommes même obligés de répondre à nos propres téléphones. C'est affreux.

— Ah! Ah! Ah! pauvre papa. Moi je n'ai aucun problème avec mon assistante, elle est toujours là.

— Oui bien, justement je te ferai remarquer que c'est mon assistante que tu épouses. Je t'avais bien dit pourtant de ne pas y toucher.

— Trop tard papa, je n'ai pu résister et j'en suis très fier.

— Tu peux l'être mon fils. Ogan je suis venu pour te parler d'autre chose. Ta mère m'a dit que vous alliez en Italie pour votre voyage de noces.

— Oui, je veux qu'Amélia connaisse ta famille. Ils sont tous si merveilleux. J'ai toujours adoré quand nous y allions en famille. Je crois que cela me manque.

— Hum, justement je suis un peu jaloux. Alors je me demandais si nous irions ta mère et moi vous retrouver deux semaines plus tard si cela ne vous dérangeait pas.

— Papa, je croyais rester juste deux semaines.

— Ah non ! si tu vas en Italie, tu dois y aller pour un mois mon garçon.

— Un mois serait beaucoup trop long pour Annabella. Déjà deux semaines c'est beaucoup.

— Nous l'amènerons avec nous.

— Ça serait une très bonne idée. J'en parle quand même à Amélia à son retour et je te reviens sur cela. Haaaaa, mais qu'est-ce que je dis là, tu sais très bien qu'elle va dire oui, alors je vais juste l'aviser.

— Super, n'en parle pas à ta mère, je lui fais la surprise.

Ogan n'avait pas vu son père courir depuis très longtemps. Il était content de l'avoir rendu heureux. Zack vit courir son père aussi.

— Qu'est-ce qu'il y a papa?

— Rien, je suis occupé là, je dois faire des réservations. Ta mère et moi allons rejoindre Ogan et Amélia en Italie deux semaines après leur départ. Pas un mot à maman.

— Quoi, mais … j'ai besoin de vacances moi aussi, crois-tu que je pourrais y aller?

— Zack, ce n'est pas à moi qu'il faut demander. Va voir Ogan.

Zack se dirigea à grands pas vers le bureau d'Ogan.

— Ogan, papa vient de me dire qu'ils iront en Italie avec vous.

— Oui, il veut faire la surprise à maman. Elle sera contente. Elle a toujours aimé l'Italie.

— Hé! tu crois que je pourrais aller aussi.

— Tout le monde peut aller en Italie.

— Oui, mais tu sais ce que je veux dire. Ce serait bien de se retrouver tous en Italie comme quand nous étions jeunes.

— Tous !

— Oui bien…je veux dire une partie. J'irais bien avec les parents si tu n'as pas d'objection.

— Zack je n'ai aucune objection, je vais en parler à Amélia à son retour, la connaissant cela va lui faire plaisir.

— Très bien, je dois aller en parler à papa et aux autres pour voir s'ils peuvent prendre de mes dossiers.

Zack alla voir Emmanuël et lui demanda de le rejoindre dans le bureau de Michaël. Dix minutes plus tard, ils se retrouvèrent dans le bureau d'Ogan à le supplier de pouvoir se joindre au voyage. Ils allèrent par la suite discuter avec leur père et tous se mettent d'accord pour s'organiser et s'entraider afin de fermer le plus de dossiers possible et de retarder ceux qui pouvaient l'être.

Amélia arrivait dans le bureau d'Ogan au moment où Zack, Michaël et Emmanuël en sortaient pour aller vite faire leur réservation.

— Réunion de famille…ou de gars plus tôt?

— Oui, je dois t'expliquer. J'espère que tu vas aimer. Ne me laisse plus jamais seul au bureau avec eux. Ils m'ont harcelé cet après-midi.

— Hum, terrible ça. Moi aussi j'ai quelque chose à te dire. Je suis si contente chéri.

— Vas-y avant moi d'abord.

— Ta mère m'a demandé si elle et ton père pourraient venir avec nous en Italie et ils s'occuperont d'Annabella. Ce serait merveilleux, car elle n'a couché que quelques nuits chez tes parents. Est-ce que cela te dérangerait Ogan?

— C'est merveilleux. Nous serions beaucoup plus tranquilles de savoir Annabella près de nous.

— Oh ! merci Ogan. Je vais aller dire à ta mère qu'elle peut faire les réservations. J'oubliais, Zoé aimerait aussi venir.

— Pas de problème. Ah! Ah! Ah!

— Tu viens, nous allons aller leur dire ensemble.

— Oui, mais avant, moi aussi j'avais quelque chose à te dire. Ça commence à me faire rire cette situation. Mon père est venu me voir, il aimerait bien venir en Italie avec nous et … mes trois frères. Alors je crois que nous allons tous être là. Est-ce que tu as une objection à ça?

— Oh ! mais non, ce sera merveilleux Ogan. Tu aurais dû voir les yeux de ta mère et Zoé quand je leur ai dit qu'elles pourraient venir.

— Moi aussi, c'était exactement comme cela. Ils étaient comme des enfants, toutes excités.

— Je n'aurais jamais cru faire mon voyage de noces avec toute ma famille.

— Ne t'inquiète pas, nous prendrons du temps pour nous.

— Oui et je suis très content qu'Annabella soit avec nous, tu sais si tu ne l'as jamais laissée avec d'autres personnes, c'est vraiment préférable pour elle, mais aussi pour nous. Pour avoir la conscience tranquille de la savoir bien et près de nous.

— Bon tout est réglé.

— Non pas vraiment. Mes parents étaient pour nous rejoindre deux semaines après notre départ avec Annabella. Que dirais-tu s'ils venaient tous en même temps? On aurait Annabella pendant tout le voyage.

— Ah! mais c'est ce que je pensais que nous partirions tous ensembles. Et aussi, je croyais que nous partirions pour deux semaines.

— Non, mon père a suggéré un mois. Tu sais quoi, on va faire une réunion de famille. Je les appelle pour qu'ils se rendent tous dans la salle de conférence.

— Non chéri, ça, c'est mon travail. J'y vais et je te rejoins dans la salle.

Amélia passa vite dans leurs bureaux pour les inviter dans la salle de conférence. Michaël était au téléphone à réserver son billet. Zack et Emmanuël avaient déjà réservé leur billet. C'était le chaos total. Ils se retrouvaient tous dans la salle et Ogan prit la parole.

— Bon vous êtes tous très excités et nous aussi. D'après les constatations d'Amélia, la plupart ont réservé leur billet. Mais nous aimerions Amélia et moi, savoir si vous voudriez partir en même temps que nous?

— Mais vous ne voulez pas avoir deux semaines à vous seuls avant que nous arrivions tous.

— Non papa, nous aimerions vous avoir tous. Nous allons quand même prendre du temps pour nous, comme faire des randonnées en bateau, visiter, aller coucher sur une autre île pour une nuit….Des choses comme cela… Amélia et moi seulement.

— Et bien je suis d'accord Ogan et nous allons nous occuper d'Annabella pendant tout le séjour.

— Merci maman, c'est très apprécié et aussi pour Amélia et moi il est important qu'Annabella soit près de nous. Allez tous changer vos billets d'avion maintenant. Amélia vous fournira nos coordonnées.

— Mon garçon je vais en profiter pour vous annoncer que ta mère et moi avons décidé qu'à notre retour de voyage, nous allons prendre ton assistante et si vous êtes intéressés bien sûr, Amélia deviendra ton assistante.

— Ah papa! Je crois avoir été le premier à te demander d'avoir Amélia.

Tous les autres enfants dirent la même chose.

— Oui, mais vous ne l'avez pas marié à ce que je sache, alors elle est toute à moi.

Ogan regarda Amélia avec un gros sourire en guise d'approbation. Amélia lui fit signe que oui.

— Nous sommes d'accord. Je vais aviser mon assistante. Chérie, notre voyage de noces est officiellement changé en voyage de famille.

— Et j'en suis très contente. Nous allons nous amuser.

— Je suis quand même jaloux, je l'avais demandé en premier. J'aurais dû te marier Amélia.

— Moi aussi, quel crétin je fais d'avoir manqué ça.

— Ah! vous êtes drôles les gars, vous êtes trop tard, mon coeur est pris.

— Oui elle est toute à moi, allez dans vos bureaux, vous avez du travail.

— Non, mais pour qui il se prend le petit frère pour nous envoyer travailler? Tu vas nous payer cela en voyage… tu vas quand même nous garder une journée entre gars.

— D'accord pour une journée entre gars et nous enverrons les filles magasiner. Et toi papa tu vas téléphoner ton frère pour voir si nous allons tous avoir de la place dans son hôtel?

— Oui mon garçon je vais l'appeler pour lui indiquer tous les changements

Johannie prit la parole.

— Les enfants, rassoyez-vous. Il y a près de dix ans déjà que nous ne sommes allés en Italie. Je suis vraiment très contente que nous y allions tous ensemble. Merci à Amélia d'accepter ce compromis de sa nouvelle famille.

— C'est avec un très grand plaisir Johannie et j'en suis même excité. Je suis certaine que nous allons tous nous amuser ensemble.

Johannie reprit la parole en étant un peu taquine.

— Bon, vous savez les enfants que je suis un tout petit peu riche.

— Un peu comment maman ?

— Zack, si je te disais colossale, ça t'irait comme réponse.

— Non, colossale comment maman.

— Zack, laisse maman parler, on ne sortira jamais d'ici. Je suis dans la comptabilité, tu te rappelles… je vois certaine chose. Ignore-le maman, continue.

— Je viens à l'instant de décider que nous étions tous pour faire un beau voyage. Je paye tout. Ogan va arranger les choses pour qu'un compte soit ouvert et que nous ayons tous une carte reliée à ce compte bancaire et Amélia va prendre toutes vos réservations et les changer pour une carte de crédit reliée au bureau.

— Maman, on doit quand même savoir combien on peut dépenser. Colossale comment ?

Johannie se dirigea vers la sortie en souriant à Zack.

— Papa, tu dois savoir toi.

— Zack, la seule chose que moi je sais, c'est de penser à m'amuser en Italie.

Tous avaient fait le nécessaire pour leur voyage, mais Emmanuël arriva le lendemain, il alla parler à son père du voyage.

— Bonjour papa.
— Bonjour Emmanuël ça va, tu as l'air soucieux, je me trompe.
— Non, écoute papa j'ai décidé que je resterais ici et que je m'occuperais du bureau.
— Mais pourquoi faire ça mon fils, j'ai de bons employés pour tenir le bureau ouvert. Il n'y aura aucun rendez-vous et aucun dossier qui sera fait, mais ta mère et moi l'avons fait plusieurs fois et tout entrait dans l'ordre. Ne t'inquiète pas pour cela et vient avec nous.
— Non, j'ai des dossiers très importants entre les mains et il serait vraiment préférable que je reste ici. Si tout va bien, j'irai peut-être vous rejoindre pour les deux dernières semaines.
— Bien, c'est comme tu veux, c'est toi qui vois. Mais si tu changes d'idée, n'hésite pas.
— Merci papa. Je vais aviser Ogan.

Emmanuël alla aviser Ogan et celui-ci trouvait malheureux que son frère ne puisse pas venir.

— Zoé, Zack et Michaël ne peuvent pas t'aider à régler tes dossiers.
— Non Ogan, quand un avocat prend un dossier assez complexe, il est difficile pour un autre avocat

d'entrer dans la course en si peu de temps. Ce serait trop long pour eux avant qu'ils puissent se familiariser avec le dossier.

— Bon, puisque tu le dis. Essaie au moins de te libérer pour les deux dernières semaines.

— Je vais faire mon possible. Désolé p'tit frère.

Ogan appela Amélia dans son bureau.

— Ferme la porte chérie.

— À double tour, voudrais-tu avoir ton dû ?

— Non pas aujourd'hui, mais je vais garder cela en mémoire. Je voulais te dire qu' Emmanuël ne sera pas du voyage. Il annule, car il a des dossiers trop importants.

— Hum, et moi de mon côté ta mère vient de m'aviser que Michaël venait avec une amie qu'il voit depuis deux mois. Pour ce qui est de Zack et Zoé, ils viennent seuls. Mais Ogan … je dois te dire quelque chose que je voudrais que tu gardes secret. Maintenant que nous sommes ensemble, je ressens le besoin de te le dire. Mais nous allons en parler à la maison ce soir.

Après avoir couché Annabella, Ogan était impatient de savoir ce que Amélia voulait lui dire en privé.

— Maintenant est-ce que je peux savoir ton secret bien gardé?

— C'est une confidence qu'on m'a faite il y a très longtemps. C'est à propos d'Emmanuël. Est-ce que tu savais qu'il est homosexuel?

— Quoi, d'où tiens-tu une chose pareille Amélia. Mon frère voit des femmes. Plusieurs même. Dans les fêtes que mes parents donnent ou autre rencontres que nous avons, il vient toujours accompagné … d'une femme. Il n'est pas homosexuel.

— Ogan, tu te trompes sur son compte. Ça fait huit ans qu'il est en couple avec Jordan.

— Tu ne me fais pas marcher là.

— Non pas du tout chéri. Les femmes qu'ils amènent avec lui sont des escortes. Il ne veut pas ternir l'image de la famille, c'est pour cela qu'il n'en a jamais parlé.

— Ah! je suis estomaqué. C'est malheureux.

— Pourquoi malheureux! C'est son choix si c'est la seule façon pour lui d'être lui-même et d'être heureux. C'est sa vie et cela ne change pas sa personnalité.

— Désolé, je ne sais plus quoi penser, c'est la surprise. C'est vrai, tu as raison. Est-ce que tu serais fâchée si je lui en parlais.

— Non, je crois qu'il est temps qu'il se découvre et qu'il peut vivre sa vie pleinement, même en famille. Je voudrais même les inviter pour pouvoir rencontrer Jordon. Ça fait si longtemps qu'il m'en parle.

— Avant je vais lui parler pour voir comment il réagit au fait que maintenant, je sais. Je lui parlerai au bureau demain.

— Non Ogan, tu ne peux pas faire cela au bureau. Ça le rendrait mal à l'aise.

— Mais toi, il t'en a parlé au bureau.

— Non, nous allions dîner ensemble quelquefois et c'est là que je voyais qu'il était malheureux et pensif. Alors je lui ai demandé ce qui n'allait pas et il a fini par se confier à moi.

— Ah bon ! Je l'appelle tout de suite pour voir si je peux passer le voir.

— Non ne l'appelle pas. Tu dois y aller sans prévenir.

— Aurais-tu d'autres consignes pour moi avant que je fasse ou dise quelque chose que je ne devrais pas? J'ai peur maintenant. Ah! Ah! Ah!

— Non c'est parce que je sais que chaque fois que l'un de vous s'invite chez lui, il demande à Jordon de partir le temps qu'il vous reçoit.

— O.K. j'y vais de ce pas. Tu ne veux pas venir avec moi.

— Non, tu es son frère et vous allez devoir parler entre vous. Je n'ai pas à y être. C'est très important, tu vas lui faire un des plus beaux cadeaux ce soir Ogan. Il attend cela depuis tellement longtemps, ne soit pas surpris s'il est ému. Ogan dit lui de ma part que je devais le faire et que j'espère qu'il ne sera pas fâché contre moi, mais qu'il doit comprendre qu'il n'y a plus de secrets entre nous.

— Ne t'inquiète pas si moi je l'accepte, il sera probablement content comme tu dis. À plus tard chérie.

— J'oubliais de te dire qu'après avoir rencontré Jordon, tu le connaîtras et tu pourras l'inviter à notre mariage, comme ton ami bien sûr. Et aussi ça fait déjà huit ans qu'ils habitent ensemble.

— Quoi, tu veux dire que ça fait huit ans qu'il nous berne? Ah! je me sens ridicule de n'avoir rien vu… Depuis huit ans.

— Oui, mais j'utiliserais un autre verbe que berné. Pour lui c'est la peur d'être celui qui ruine l'image parfaite de la famille, plutôt que berner sa famille.

— Bien, j'ai compris. Tu as toujours les bons mots pour apaiser et comprendre les gens. Viens ici.

Amélia s'approcha et il la prit dans ses bras et lui chuchota à l'oreille.

— Je commence à croire que je vais avoir une petite femme comploteuse. Tu avais déjà tout planifié pour voir venir Jordon au mariage hein.

— Oui … je crois que finalement tu lis en moi trop facilement. Amélia lui fit son plus beau sourire sensuel. C'est mon plus grand souhait, car Emmanuël est mon grand ami. Je te donne la permission de me punir à ton retour, je vais t'attendre… Allez va-t'en.

— Je t'aime. Eh oui, je vais te punir, ne t'endors pas avant mon retour.

Ogan se sentait ridicule. Il avait beau avoir des amis homosexuels, mais pour son frère ça semblait différent.

— Ah! je dois me détendre et voir le côté heureux de mon frère, comme Amélia m'a mentionné.

Ogan sonna à la porte de son frère. Il était quand même nerveux, il voulait que tout se passe bien.

— Bonjour Ogan, quelque chose est arrivé?
— Bonjour, je passais voir mon frère, c'est tout.
— Entre, j'ai un ami ici, mais il partait justement.

Jordon s'avança pour saluer Ogan.

— Ogan voici Jordon. Il était juste passé pour me remettre quelque chose.

— Ogan, ça me fait plaisir de te rencontrer. Emmanuël m'a beaucoup parlé de toi. Bon désolé, mais je dois vraiment y aller.

— Non Jordon, s'il te plaît reste. J'ai à vous parler à tous les deux.

Jordon regarda Emmanuël pour voir sa réaction. Celui-ci finit par comprendre qu'Amélia avait parlé à son futur époux.

— Venez, nous allons passer au salon. Vous voulez un verre, moi j'en prends, j'en ai besoin.

— Emmanuël je ne sais pas trop par où commencer… bon je me lance. Après que toute la famille est acceptée de venir en voyage avec nous, Amélia et moi étions très content, surtout moi qu'on se retrouve tous comme dans notre jeunesse. Je dois t'avouer que ce matin, j'étais très déçu quand tu as dit que tu avais tout annulé parce que tu avais trop de travail, je ne comprenais pas vraiment pourquoi les autres ne pouvaient pas t'aider. Alors j'étais…un peu boudeur…malheureux, c'est là que Amélia m'a avoué quelque chose.

— Ah non ! elle n'avait pas le droit. Je suis désolé Ogan, je ne savais pas comment vous le dire, mais c'est depuis que je suis au secondaire tu sais. Je ne semblais jamais prêt pour l'annoncer.

— Écoute Emmanuël, je dois t'avouer que j'ai été surpris, mais je suis un imbécile de n'avoir jamais rien vu ou deviné. On peut dire que tu nous as bien bernés. Ah merde ! Amélia m'avait dit de ne pas dire berner… désolé Ah Ah.

— Attendez, je devrais probablement partir et vous laissez parler entre frères.

— Non, non, reste Jordon parce que je suis ici pour t'inviter à notre mariage, comme mon ami maintenant… et pourquoi pas à notre voyage. Comme cela Emmanuël va bien être obligé de se défaire de ses précieux dossiers.

— Tu es fou Ogan, le risque est trop grand.

— Non, vous n'avez qu'à vous comporter comme des amis. Et puis c'est qu'Amélia et moi on l'espère beaucoup. Aussi, nous voudrions vous inviter ce samedi pour souper, Jordon et moi pourrons faire plus ample connaissance.

Emmanuël avait les yeux mouillés, il se détourna quelques minutes. Il n'en revenait pas que pour son p'tit frère, c'était si simple. Ogan semait l'espérance dans son coeur. Jordon semblait heureux, mais en aucun cas il n'irait à l'encontre des attentes d'Emmanuël. Il regarda Emmanuël avant de répondre pour avoir son approbation.

— Hum, ta femme est une perle. Nous allons vous voir samedi avec un grand plaisir. Il n'y aura personne d'autre de la famille.

— Non je te le promets. Et tu n'en veux pas à Amélia j'espère, parce qu'elle m'a fait un message pour toi. Elle dit qu'il n'y a plus de secret entre elle et moi maintenant.

— Tu as la femme la plus merveilleuse qui soit. Je suis très content pour toi Ogan, mais aussi pour elle. Je n'aurais pas voulu la voir avec un homme qui la ferait souffrir à nouveau.

— Merci…je t'aime Emmanuël, tu es et resteras toujours mon frère. Je veux te voir heureux. Alors, c'est réglé pour le mariage?

— Oui, nous y serons avec plaisir.

— Et pour le voyage, croyez-vous qu'il y aurait une possibilité? Vous pourriez prendre des chambres qui communiquent. Personne ne s'en rendra compte.

— On en discute et on s'en reparle samedi si ça va avec toi.

— Parfait. Je vais te prendre un autre verre parce que j'ai eu un peu chaud là.

— Ah! Ah! Ah! avec plaisir. Ogan si tu savais comme tu me délivres. Je suis un peu lâche de ne jamais l'avoir avoué à personne dans la famille.

Jordon le regarda, il savait qu'il fallait faire une blague avant de voir quelqu'un pleurer… ils étaient tous des hommes après tous.

— Bon, suffit que ce n'est pas du tout une soirée de fille ici, on va changer de sujet. Faut quand même pas perdre notre honneur.

Ils se mettent tous à rire, discuter et blaguer de la situation. Ogan se sentait mieux après cela. La confrontation avait été moins pénible qu'il le pensait. Il retournait chez lui content, il était sûr que son frère déciderait de venir avec Jordon en voyage.

— Salut chérie.
— Comment ça s'est passé? Tu dois tout me dire.

— Je croyais que je devais te punir.

— Après, après. Dis-moi.

— C'était mieux que je pensais. Je crois que j'aurais voulu courir bien loin au lieu de frapper à la porte. Mais tout s'est très bien passé. Tu sais je suis content de m'être rendu chez lui tout de suite. Sinon j'aurais pensé à comment cela se passerait et j'aurais eu beaucoup plus peur de la confrontation. Je suis vraiment content. Ils étaient aussi contents. Emmanuël disait qu'il était soulagé et, tu sais quoi.

— Non, continu.

— Ils vont venir samedi. Il faut s'assurer que personne d'autre de la famille ne sera ici et aussi, j'ai fait mon invitation pour le mariage à Jordon. J'ai même rajouté qu'il pouvait venir en voyage avec nous tous les deux.

— Merveilleux. Emmanuël doit être content.

— Oui, mais pour ce qui est du voyage, ils vont nous donner la réponse samedi.

— C'est bien. Je crois qu'ils vont venir s'ils font comme des amis.

— C'est exactement ce que j'ai dit. Bon, assez parlé de mon frère tu veux. Viens, suis-moi j'ai une petite punition à te donner si je me rappelle bien.

Ils firent l'amour, Ogan n'avait pas oublié qu'il avait pris Amélia dans son bureau au début de leur relation et il voulait maintenant qu'elle le prenne aussi à son tour dans son bureau. Cela l'excita au plus haut point, il avait hâte au lendemain. Il chuchota à l'oreille d'Amélia en lui embrassant le cou et les seins.

— Tu sais ce que j'ai décidé pour ta vraie punition d'avoir comploté dans mon dos.

— Hum, dis-moi.

— Demain je vais t'attendre dans mon bureau. Nous allons regarder nos horaires en entrant au bureau et nous allons nous donner rendez-vous. Tu te rappelles quand je t'ai prise dans mon bureau. Maintenant c'est toi qui vas me prendre. J'en suis impatient.

Le lendemain, ils convenaient de se rencontrer dans le bureau d'Ogan à midi parce qu'il y aurait moins de monde dans le cabinet. Amélia ne voulait pas décevoir Ogan. Elle le prit avec tout l'amour qu'elle avait pour lui.

— Oh ! Amélia n'arrête surtout pas, c'est merveilleux.

Après avoir eu sa punition, Amélia resta avec Ogan et finalement, il ne put se retenir et il la prit avant qu'elle retourne dans son bureau.

Le samedi Emmanuël et Jordon vinrent souper et ils avaient décidé qu'ils se rendraient en Italie avec toute la famille. Emmanuël avait déjà fait les réservations nécessaires. Jordon était lui aussi avocat et il avait déjà rencontré à la cour un moment ou un autre les autres membres de la famille d'Emmanuël sans les connaître plus que de les rencontrer au tribunal. Il n'y avait que Ogan et Amélia qu'il ne connaissait pas.

Ogan et Amélia avaient décidé de se marier dans le jardin de Johannie et Frédérick. Ses parents étaient heureux que cela se passe dans leur jardin. La date approchait, à moins d'une semaine. Ensuite ils s'envoleraient tous pour l'Italie.

— Ogan
— Oui maman
— Je voulais te dire que nous t'attendons vendredi. Tu dois venir coucher à la maison pour ne pas voir Amélia avant l'heure du mariage.
— Quoi, ce n'est pas un peu vieux jeu ça maman.
— Non, je t'attends vendredi après le travail.
— Bon, je ne semble pas avoir le choix. Je préfère quand même la chambre avec Amélia que ma chambre d'enfant.
— Exactement, aucun choix. Mais tu seras quand même en meilleure condition que la dernière fois que tu es atterri dans cette chambre..
— Ah! Ah! Ah! Oui c'est vrai. Bon, je ne semble pas avoir grand choix sur cette décision. Alors vendredi je vais me rendre chez toi maman. Dans ce cas, Amélia et moi allons apporter des choses chez toi cette semaine pour Annabella et nos bagages pour le voyage, car nous n'aurons pas le temps de repasser à la maison.
— Parfait. Tu peux dire à Amélia que Zoé ira coucher chez toi pour l'aider.
— Maman, s'il te plaît, j'aimerais que tu utilises chez elle.
— Oh Oui! désolé Ogan.
— Merci maman.

Il appela Amélia pour l'informer de la supercherie de Johannie. Amélia riait d'Ogan.

— Je te préfère à ma mère.

Le vendredi arriva, Ogan alla chez ses parents et Zoé alla passer la nuit avec Amélia. Le lendemain la journée était splendide. Elles se rendirent chez Johannie et Frédérick une heure avant la célébration pour finir les préparations. Amélia mit sa robe avec l'aide de Zoé.

— Il n'aurait pas fallu que le mariage soit dans un mois, tu n'aurais jamais fait dans cette robe.
— Regarde, mon ventre ne paraît pas vraiment. Je suis contente, car cela fera de plus belles photos.

On frappa à la porte.

— Qui est-ce ?
— C'est maman Zoé. Puis-je entrer?
— Oui, Johannie venez.
— Oh! ma chérie, que tu es belle! Je ne savais pas si tu voulais que je te voie avant le mariage. Annabella est prête. Elle est avec Emmanuël et Frédérick.
— Vous pouvez l'apporter pour que je la voie.
— Oui je vais la chercher.

Quelques minutes plus tard, Johannie entra avec Annabella. Amélia la vit, elle était si mignonne, elle en avait les larmes aux yeux.

— Non, ne pleure pas Amélia.
— Non, désolé c'est si émouvant. Je suis la femme la plus comblée.

Ogan attendait impatiemment dans la chambre avec ses trois frères qu'on lui annonce qu'il était temps d'aller prendre sa place dans l'abri de jardin où le mariage était célébré. Ses frères se moquaient de lui et il commençait à ne plus trouver très drôle d'être enfermés avec eux.

— Mon fils, si tu es prêt, on t'attend.
— Ah oui ! enfin !
— Tu me fais penser à moi quand j'ai épousé ta mère.
— On peut dire que j'ai déjà chaud avec trois abrutis dans la chambre avec moi.
— Allez prendre vos places les garçons.

Ogan suivit son père qui alla le reconduire jusqu'à sa place avant de prendre place avec sa femme. Zack était garçon d'honneur, Zoé la fille d'honneur et Annabella la petite bouquetière. Il entendit la musique se mettre en marche. Il vit entrée Annabella, quelle beauté cet ange. Ils avaient pratiqué avec Annabella à plusieurs reprises et elle semblait avoir très bien compris, mais aujourd'hui quand elle vit tous ces gens et qu'elle aperçut Ogan à l'avant, elle partit à courir et sauta dans les bras de celui-ci pour se nicher dans son cou.

— Ma belle Annabella, j'aurais dû y penser que tu ne pouvais te passer de moi hein. Vas sur les genoux de mamie tu veux.

Ogan regarda Zoé entrer, elle était en beauté, mais quand elle divergea vers sa gauche, il vit enfin Amélia qui était conduite à l'hôtel par Michaël . Elle était si belle dans sa robe, son deuxième ange venait à lui. Il les aimait déjà tant. Il ne pouvait plus vivre sa vie sans elles.

Après la cérémonie du mariage, Ogan appela Annabella pour les rejoindre et il lui demanda si elle voulait qu'il soit son papa. Il lui remit un bracelet avec l'inscription ''Mon papa et moi pour la vie''. Les papiers avaient été signés et Annabella portait officiellement le nom de Mezzo.

Le mariage se déroula bien, la soirée fût très animée avec les invités qui étaient venus en grand nombre. Ogan s'assura de présenter Jordon à Emmanuël pour que son frère soit à l'aise. Tout se déroula comme sur des roulettes.

La famille au complet, ainsi que Jordon et Mia partirent ensemble pour prendre un vol de nuit pour l'Italie. Ils étaient tous fatigués, mais très heureux du déroulement de la journée. Frédérick vint voir Ogan dans l'avion.

— Ogan, je ne savais pas que ton ami venait avec nous.

— Oui, quand nous lui avons dit que nous allions en Italie, il voulait se joindre à nous parce qu'il pensait s'y rendre cette année, mais il était seul pour faire le voyage, alors je lui ai dit de se joindre à nous.

— Ah! mais oui, c'est bien pensé mon garçon.

— Il semble s'être fait ami avec Emmanuël, car ils n'ont pas lâché de discuter depuis que je les ai présentés. Il est avocat aussi.

— Il me semblait bien l'avoir déjà vu. Bon alors nous le considèrerons comme faisant partie de la famille pour le voyage.

— Merci papa.

Amélia se fit un grand plaisir d'envoyer un texto à Emmanuël pour lui dire la bonne nouvelle.

Dans l'avion, Ogan éduqua sa petite épouse sur ce qu'il avait appris par son père à propos de l'Italie. Plus particulièrement sur Palermo, où son père avait grandi.

— Nous allons être à l'hôtel appartenant à son oncle, Le Grand Hôtel, Villa Igiea. Palermo est la capitale de la Sicile en Italie.

— Est-ce que tu sais parler italien toi? Je n'ai jamais entendu personne de vous parler italien à part ton père avec certains clients ou au téléphone.

— Mais oui, nous parlons tous un peu italien. Par contre, après la mort de ma grand-mère, que nous appelions nonna, qui est décédée il y a dix ans, nous ne sommes pas revenus en Italie.

— Alors nonna veut dire grand-mère. Et pour grand-père?

— C'est nonno.

Amélia partit d'un fou rire.

— Ouache ! Tu crois que tes parents aimeraient que nos enfants les appellent comme cela?

— Ah! Oui c'est une très bonne idée. Nous allons montrer à Annabella et pour le bébé ce sera plus facile pour lui.

— Oui, je crois aussi. Dis-moi autre chose en Italien.

Amélia chuchota à l'oreille d'Ogan qu'elle entendait parler le couple à l'arrière d'eux en Italien et qu'elle trouvait cela très sensuel et sexy. Ogan riait.

— Très bien amore.

— Ah! ça je sais, c'est amour.

— Oui, laisse-moi penser… Farò l'amore questa sera.

— Ça sonne doux à mes oreilles. Dis-moi.

— Je vais te faire l'amour ce soir.

— Ah! oui chéri. Continu mon amour. Je suis toute en accord avec toi.

Il lui chuchota toujours à l'oreille pour que personne ne puisse entendre.

— Il solo pensiero di perderlo mi fa ancora sussultare. Sai, il mio bello amore, quanto mi sei necessario? Che sia per il migliore come per il peggiore, lo amerò sempre, tu sei per il mio cuore esserlo più costoso.

Amélia était bouche bée.

— J'ai dit, la seule pensée de te perdre me fait encore tressaillir. Sais-tu, mon bel amour, combien tu m'es nécessaire ? Que ce soit pour le meilleur comme pour le pire, je t'aimerai toujours, tu es pour mon coeur l'être le plus cher.

Amélia le regarda dans les yeux et Ogan s'approcha pour l'embrasser comme sa mère arrivait. Elle venait s'informer à son tour.

— Ça va vous deux.
— Hum, oui maman, très bien même. Vous vous ennuyez déjà de nous où quoi.
— Johannie, Ogan m'apprend l'Italien.

Ogan s'étouffa presque avec sa boisson. Il regarda sa mère et lui souriait.

— Ah! toi ma belle Amélia. Je vais devoir t'apprendre que Johannie est ton amie, mais elle est ma mère.

— Et ma belle-mère maintenant.

Johannie et Amélia riraient . Elles se jouaient la tête d'Ogan.

— Laisse-moi deviner ce qu'il t'a appris… tout ce qui contient le mot Amore.

— Ah! bien mieux que cela, Johannie je t'assure. Tu ne le sais peut-être pas, mais ton garçon est le plus romantique des hommes que je connaisse.

— Amélia, ça me fait un peu drôle que ce soit à ma mère que tu parles là. On peut changer de sujet les filles.

— Ogan, tu sais les sièges à l'arrière ne sont pas si confortable que cela, tu veux bien aller voir ton père.

— Non maman, voyage de noces, première classe dans l'avion avec ma femme. À plus tard maman, bien essayée.

— Bon très bien, on se voit au débarquement Amélia.

— Je n'y manquerai pas Johannie.

Johannie retourna à sa place et elle pensait que pour être sensuel, rien de mieux qu'un Italien. Elle était contente d'apprendre que son fils en avait hérité. Amélia sera choyée.

— Si tu dis tout à ma mère, je ne t'apprendrai plus rien.

— Non chéri, je ne lui dis pas tout, tout, tout. Y'a certaines choses que j'aime à garder pour nous deux.

Ogan la reprit dans ses bras et il se mit à sentir sa chevelure. Il lui chuchota dans le cou.

— Je l'espère. Je t'aime. Où en étions-nous?

Il la prit par le menton et l'embrassa.

— Nous devrions dormir un peu.

Il demanda à avoir des couvertures et des oreillers. L'hôtesse lui en apporta immédiatement. Ils s'installèrent pour se reposer.

— Ogan reprit son baiser plus ardemment et il commença à la caresser sous la couverture.

— Haaaa, Ogan que fais-tu chéri ?

— Chut, embrasse-moi et reste dos à moi...comme si on regarde dehors.

Il la fit jouir silencieusement sous la couverture. Ensuite ils dormirent et Ogan se réveilla à une heure de l'arrivée. Il alla voir comment allait Annabella. Elle ne voulait plus lâcher Ogan. Il l'amena avec lui dans la section première classe. Annabella réveilla Amélia. Ils étaient heureux ensemble.

Ils débarquèrent en Italie enfin. Le voyage avait été très long.

— Je comprends maintenant Frédérick pourquoi vous disiez que deux semaines n'étaient pas assez. Juste se rendre ici est très long.
— Oui le voyage est généralement assez pénible. Mais tu ne le regretteras pas. Venez, nous allons chercher les bagages.
— Ah! regardez, l'homme a une carte avec votre nom Frédérick.
— Bonjour, nous allons chercher les bagages et vous rejoindre à cette porte.
— Je vais aller avec vous et vous aider. C'est votre frère qui m'envoie. Nous sommes venus avec deux fourgonnettes.
— Oui, nous sommes onze. La famille s'agrandit.

Arrivés à l'hôtel, ils avaient un comité d'accueil exceptionnel. L'oncle d'Ogan leur donna comme cadeau de mariage, sa plus belle suite et la suite adjacente étaient réservées pour Johannie, Frédérick et Annabella.

Une heure plus tard, Amélia et Ogan montèrent à leur chambre. En entrant dans la suite, ils furent surpris de voir la montagne de cadeaux qu'il y avait dans le salon de la suite. Ogan regarda Amélia et lui chuchota à l'oreille.

— Je crois que nous devrions prendre une douche avant de défaire nos bagages et ouvrir ces cadeaux. Viens chérie, je n'en peux plus de te partager, je veux t'aimer tout de suite.

— Dit si gentiment, comment puis-je refuser?

Après avoir défait les bagages, ils allaient ouvrir les cadeaux de mariage et ceux pour le bébé.

— Comment allons-nous apporter tout cela Ogan.

— Nous allons tout envoyer par courrier à la maison. Viens, nous devons descendre pour le souper. Je t'avertis, il n'y aura pas moins de monde que quand nous sommes arrivés. Il va même en avoir plus.

— J'ai toujours aimé ta famille et maintenant la famille de ton père. Ils sont tous si merveilleux.

Ils firent tous la fête jusqu'aux petites heures du matin. Ogan et Amélia dormirent pendant six heures et partirent ensuite pour une randonnée en bateau. Ensuite ils accostèrent sur la côte à Castellammare del Golfo pour y passer la nuit.

— Bonjour, j'ai réservé une suite pour une nuit, Ogan Mezzo.

— Oui M. Mezzo, votre suite est prête.

Dans l'ascenseur Amélia semblait fâchée contre Ogan.

— Qu'est-ce qu'il y a Amélia, j'ai fait quelque chose.

— Ogan, sois réaliste. Des suites, ça coûte trop cher. Pourquoi n'as-tu pas pris une chambre normale.

— Chérie, ce n'est pas un problème. Ne t'inquiète pas pour cela, ma mère paie tout.

Ogan se pencha pour chuchoter à l'oreille d'Amélia.

— J'ai vu son immense fortune. En plus de pouvoir payer sans problème. Tu sais pourquoi j'ai pris cette suite.

— Non, mais ce n'est pas une raison pour exagérer.

— Il y a une merveilleuse terrasse privée, personne ne peut voir de chaque côté et en plus c'est au dernier étage...alors personne au-dessus. Il y a un jacuzzi sur la terrasse dont nous allons profiter au maximum, j'en suis certain. J'avais l'intention de te faire la surprise, mais bon, si tu es fâchée on peut retourner...

— Je comprends, nous allons rester ici. Je n'insiste plus.

— Je savais que tu comprendrais.

— Très drôle Ogan Mezzo.

Ils restèrent dans la chambre sans sortir et le lendemain ils partirent pour visiter les meilleurs sites. Pour le reste de la journée, ils restèrent sur leur terrasse.

— Chérie, es-tu d'accord si je téléphone ma mère et que je lui dis que nous allons rester ici pour une autre nuit.

— Ah oui ! je suis si bien. Si Annabella va bien, je n'ai aucune objection.

Ogan alla téléphoner. Il n'y avait aucun problème. Ensuite il retourna sur la terrasse. Il prit Annabella et l'installa dans le hamac, tout en l'embrassant, il défit son haut de maillot de bain et pris ses seins pour les embrasser doucement pour ensuite sucer de plus en plus pour sentir en eux le fringant besoin de sa femme de le recevoir en elle. Il enleva son propre maillot et se mit à cheval sur le hamac. Ensuite il enleva le bas du maillot de bain d'Amélia, il rapprocha son bassin du sien pour pouvoir entrer doucement en elle. Lui donner du plaisir était son but ultime.

— Ah Ogan ! Tu es merveilleux. Tu fais l'amour comme un Dieu. Tu me rends folle, continue mon chéri.

— C'est parce que tu m'attires comme un aimant. Ton corps est... Aaaaaaa... tu es ma déesse.

Ils firent l'amour jusqu'à ce qu'ensemble ils atteignirent le septième ciel. Ils prirent leur souper sur la terrasse et continuèrent à faire l'amour une partie de la nuit.

Le lendemain ils retournèrent le matin à leur hôtel de départ pour retrouver le restant du groupe. Frédérick avait préparé des activités pour toute la famille pour finir avec un souper gastronomique sur la plage.

— Vous savez, je vais vous dire que si jamais….j'ai bien dit si jamais je me marie un jour, je veux me marier sur cette plage.

— En d'autres mots Zack, on a tous le temps de venir se marier ici avant toi.

— T'as bien compris Zoé.

Emmanuël prit Amélia à part. Il avait un air très sérieux. Amélia arrêta de sourire.

— Y'a un problème Emmanuël ?

— Oui, je dirais que tes yeux sont si brillants aujourd'hui que si tu n'étais pas enceinte, je croirais que ce petit salaud t'aurait mise enceinte sur cette belle partie du pays.

— Ah! Ah! Ah! Emmanuël tu es terrible. Je l'aime éperdument ce petit salaud et je crois que tu es jaloux que nous nous soyons éclatés pendant deux jours.

— Oh ! tu me perces le coeur. Ce n'est pas gentil ce que tu me dis. Ceci dit, je vais essayer d'y aller avec Jordon si c'est l'effet que cela fait.

— Si tu veux vraiment t'éclater, essaye ça dans un hamac sur une terrasse du dernier étage de l'hôtel.

— Arrête, je ne veux pas de détail, tu parles de mon frère là.

— C'est de ta faute, c'est toi qui as commencé. En passant, ton frère est un amant très cochon.

— Aaaaaa, je ne te parle plus. Je ne suis plus capable d'entendre des choses aussi absurdes sur mon pauvre petit frère. Je ne le croyais pas comme ça. Dire que je le prenais pour un saint, pouf ! C'est très malheureux comme tu viens de dépeindre son image à mes yeux.

Ils rirent aux éclats tous les deux et Ogan s'approcha pour leur demander ce qui les faisait rire. Cela les fit s'éclater de plus belle. Ni l'un ni l'autre n'avaient l'intention de ne parler à personne de leur discussion juteuse.

— Quoi, qu'est-ce qui vous éclate comme cela?
— Désolé chéri, mais ça doit rester entres amis.
— Ah! parce que tu as des secrets pour moi maintenant. Pourtant tu es bien celle qui a dit ne plus avoir de secret pour moi.
— Juste avec moi Ogan. Je te l'ai dit, c'est mon amie.
— Vous êtes malins tous les deux.

Emmanuël les tira tous les deux pour les ramener à la hauteur du groupe.

— S'il te plaît, je voudrais porter un dernier toast à nos deux amoureux… même s'ils sont déjà mariés, je veux quand même leur porter un toast. Je voudrais officiellement ajouter que nous n'avons plus de petit frère, je crois qu'il est maintenant un homme.

Ogan regarda Amélia et Emmanuël qui étaient partis d'un fou rire incroyable. Qu'avait-elle fait?

Tous les membres de la famille se sentaient bien, en vacances et un peu espiègles. Annabella ne lâcha pas Ogan cette journée-là.

— Tout est si merveilleux, on dirait que les édifices ici nous parlent tellement ils ont de l'âge. Mais c'est romantique.
— Je suis très content que tu aimes. Moi aussi j'aime l'Italie. Nous allons amener nos enfants régulièrement comme mes parents ont fait avec nous.
— Oui, c'est important pour pouvoir connaître leur famille aussi. Oh Ogan ! Je vais apprendre l'Italien et leur apprendre aussi.
— Je ne comprends pas que chaque jour je me dis que je ne peux pas t'aimer plus et tu trouves un moyen pour contredire ce que je m'étais dit. Merveilleux, je t'aime toujours plus.

Le voyage se passa bien, entre soupers et réunions de famille, tour de bateau et visites. Pour Amélia et Ogan, une fois par semaine, ils partaient deux jours pour vivre de merveilleuses heures à faire l'amour et vivre des heures idylliques ensemble.

Emmanuël et Jordon ainsi que Mia et Michaël réussirent à prendre du temps pour eux à l'écart de la famille.

Frédérick et Johannie étaient heureux de revoir les membres de la famille de celui-ci. Le voyage se passa merveilleusement bien, mais il était malheureusement temps de repartir.

Au retour de voyage, Ogan s'aperçut que sa famille s'était encore plus liée. Avant leur départ, ils n'avaient pratiquement pas le temps de se parler et maintenant, ils s'accrochaient dans les couloirs et parlaient d'anecdote du voyage. Ils avaient le sourire aux lèvres et se réunissaient pour souper tous ensemble chez leurs parents ou en couple. Il pensait que le voyage en famille au lieu de seul avec Amélia avait été profitable pour tous. Emmanuël venait plus souvent voir Ogan dans son bureau, il s'était rapproché de son frère. La vie reprenait son cours au bureau.

— Emmanuël j'essaie encore de savoir de quoi vous parliez et riez comme deux petits fous. Chaque fois que j'en parle à Amélia, elle rit aux éclats… tout comme toi en ce moment. Ai-je des chances de le savoir un jour?
— Ah! Ah! Ah! pas beaucoup de chance. Mais elle t'a déjà dit un de mes secrets non… alors de son côté, je ne sais plus.

Amélia entendait la conversation de son bureau et elle riait toute seule à son bureau. Quand son mari passa devant elle, il lui fit des yeux d'exaspération.

— Je part ma chérie, je serai de retour à la fin de la journée pour te prendre. Et non, il ne veut rien me dire.

— Bonjour Amélia, tu ne lui as pas parlé de notre secret à ce que je vois.

— Non, c'est tellement drôle. Il veut vraiment savoir.

— Laisse-le languir petit malin. Tu vas bien ce matin. Mon neveu ne te fait pas trop souffrir.

— Je crois qu'il sera un batailleur.

— J'ai bien hâte de voir ça. Et bien il aura beaucoup d'oncle pour se pratiquer si c'est le cas.

— Non, je ne préfère pas. Emmanuël on peut aller dans ton bureau, j'aimerais te parler en privé.

— Oui certainement, viens.

— Emmanuël je voudrais te parler de ta relation. On voit bien que tu te refermes sur toi-même et tu t'exclut. Ce n'est pas bon de vivre comme cela. Je sais, tu fait que cela depuis que tu es jeune, mais…tu n'es plus jeune. Tu devrais considérer en parler à ta famille, te libérer et pouvoir vivre pleinement sans toujours te cacher.

— Ne t'en fait pas pour moi Amélia, j'ai appris à m'y faire.

— Ogan et moi aurions tellement aimé vous prendre Jordon et toi pour les parrains de notre futur enfant.

— Et la marraine?

— Bien on peut dire deux parrains. Nous sommes en 2014. La société est plus ouverte maintenant. Je m'étais informée et c'est maintenant l'égal au Canada. Il y a des couples gais qui adoptent des enfants alors je ne voyais pas le problème. Tu sais Emmanuël, nous nous sommes toujours réconforté l'un et l'autre depuis que je travaille ici, tu es et resteras toujours mon meilleur ami. Alors je veux que tu sois le parrain, mais j'aurais préféré prendre vous deux.

— Je croyais que c'était Ogan ton meilleur ami ici.

— Non, lui c'est mon meilleur amant.

— Ah! ah! ah! petite coquine. Je serais très honoré d'être le parrain, mais il serait plus sage pour l'instant de prendre Zoé pour marraine.

— Hum, on y avait pensé, mais je voulais quand même t'en parler avant. Peux-tu faire un testament pour nous?

— Amélia je vais t'avouer que j'ai beaucoup de travail, mais je connais deux personnes ici qui ne sont pas occupées et se feront un plaisir de te faire ce petit travail.

— Ah! oui, je vais passer voir Johannie. Merci

— C'est toujours un plaisir de t'aider et de t'avoir sous mes yeux.

— Je vais le dire à mon mari, tu vas te faire sermonner.

Ils rirent de bon coeur.

Les mois passèrent et Amélia grossissait à vue d'oeil. Elle était maintenant à deux semaines de sa date et Ogan ne tenait plus en place, il avait si hâte. Entre-temps ils avaient fait l'achat d'une maison avec un jardin pour qu'Annabella puisse prendre l'air plus souvent en s'amusant dehors. Ils étaient heureux, ils étaient vraiment faits pour vivre ensemble.

— Bonjour Amélia, mais que fais-tu encore ici? Tu es tellement grosse que tu dois presque te lever pour décrocher le téléphone.

— Tu exagères un peu là Emmanuël.

— Non, mais soit réaliste, tu as l'air d'un gros ballon.

— Je vais très bien, va t'en dans ton bureau et je dois sérieusement penser à mon amitié envers toi et de parrainage. Tu es vraiment grossier ce matin.

— Pour ce qui est du parrainage, tu es trop tard, j'ai déjà accepté.

— Je vais de ce pas voir Ogan et lui dire que tu as dit que j'ai l'air d'un ballon, non un gros ballon.

Amélia savait qu'Ogan n'était pas là ce matin, il l'avait déposé et devait se rendre voir un des plus importants clients du cabinet.

— Laisse-le travailler, c'est si rare que cela arrive.

— Égoïste. Je vais dire à Ogan de retenir ton chèque de paye ou de faire une petite erreur… comme oublier un ou deux zéros à la fin.

— Bon très bien, je me sauve là avant de perdre ma chemise. Bonne journée.

Amélia avait beau faire la rigolade avec Emmanuël, elle ne se sentait pas si bien ce matin et elle savait très bien qu'elle aurait dû opter pour rester à la maison. Elle se rendit à la salle de bain et juste à l'entrée de la porte, elle sentit l'eau glisser entre ses jambes.

— Ah non ! Il me restait deux semaines à faire et Ogan qui n'est pas ici.

Elle regarda l'heure. Il lui avait dit qu'il devait faire une heure de route pour son rendez-vous, mais qu'il devrait être de retour pour le souper si la rencontre se passait bien. Elle n'avait pas beaucoup de choix que de se rendre à l'hôpital sans attendre, car c'était son deuxième enfant et les eaux était tombés. Elle ne voulait pas vraiment sortir de la salle de bain et faire face avec un client en ayant le pantalon et souliers pleins d'eau. Elle ouvrit la porte de la salle de bain, après cinq minutes elle ne voyait toujours personne passer. Elle décida de hausser le ton, pas trop fort pour voir si quelqu'un lui viendrait en aide.

— Allo, allo… c'est Amélia j'ai besoin d'aide à la salle de bain, c'est le bébé.

Frédérick l'avait entendu, mais Amélia aurait préféré que ce soit Zoé ou Johannie. Il sortit de son bureau en criant.

— Amélia a accouché dans la salle de bain.

Amélia leva les yeux en signe d'exaspération en refermant la porte de la salle de bain. Elle essayait de repenser mentalement à ce qu'elle avait dit. Johannie et Zoé arrivèrent dans la salle de bain comme des éclairs.

— Qui a-t-il mon enfant.

— Je n'ai pas accouché comme Frédérick l'a crié, mais je vais accoucher. J'ai perdu mes eaux.

— Ah! ce Frédérick!

— Croyez-vous que l'une de vous pourrait m'apporter aux urgences, car Ogan n'est pas ici ce matin? Il est dans une réunion et il est à au moins une heure d'ici. Ah! Mais à bien y pensé, je suis très trempée je devrais peut-être prendre une ambulance.

— Non chérie on t'apporte, si tu crois avoir le temps naturellement. Zoé va voir ton père, donne lui un coup de pied pour la peur qu'il m'a faite et dit lui d'avancer la voiture.

Zoé ouvrit la porte et trois de ses frères ainsi que son père étaient si près de la porte qu'elle sursauta.

— Et bien les gars. Bougez-vous. Papa va chercher la voiture. Michaël demande à ton assistante qu'elle regarde l'agenda d'Ogan et qu'elle lui téléphone de toute urgence. Zack toi trouve une couverture ou un sac de plastique quelque chose pour qu'Amélia puisse s'asseoir dessus dans l'auto. Toi Emmanuël apporte ton auto pour que nous puissions nous aussi nous rendre à l'hôpital avec eux. Je ne manquerai pas cela pour tout au monde.

— Côté organisation, tu l'as ma soeur. On va devoir te donner les mesures d'urgence du bureau.

— Va chercher l'auto tout de suite moi je vais dire à Phil qu'il s'occupe du bureau, car nous partons tous pour l'hôpital.

Emmanuël s'exécuta.

— Ah! décidément les femmes sont brusques avec moi aujourd'hui. Dieu merci que le bébé à naître est un garçon.

L'assistante de Michaël n'arrivait pas à joindre Ogan. Il ne répondait pas à son cellulaire. Après quinze minutes elle décida de téléphoner au bureau de M. King pour que son assistante essaie de joindre celui-ci pour faire le message à Ogan. Ogan l'a rappela dix minutes plus tard pour l'informer qu'il prenait la route immédiatement pour revenir au bureau. Mais elle lui indiqua qu'Amélia était déjà partie depuis vingt minutes pour l'hôpital.

— Vous pourriez me passer Michaël s'il te plaît.
— Ils sont tous partis à l'hôpital.
— Décidément, c'est toujours une affaire de famille. Je me rends à l'hôpital.
— Essayez de les joindre et de leur dire que j'en ai pour au moins une heure.
— Très bien Ogan…et ne conduisez pas trop vite. Votre fils a besoin d'un père et il vous attendra s'il naît avant votre arrivée.
— Oui. Vous venez de ralentir mon élan, mais c'est bien vrai ce que vous dites. Merci de votre sage conseil.

Amélia avait été amené directement de l'urgence à l'étage des naissances.

— Vous n'aurez pas longtemps à attendre pour avoir votre bébé, Mme Mezzo.

— Ah non ! je ne veux pas l'avoir avant que Ogan, mon mari soit arrivé. Ah mon dieu ! Qu'est-ce que je dis là?

— Nous devons malheureusement vous apporter immédiatement dans la salle d'accouchement. Vous êtes prête.

— Johannie, s'il vous plaît puis-je vous demander de rester avec moi jusqu'à ce que Ogan arrive?

— Oh ! ma chérie, tu me fais le plus grand honneur qui soit. Avoir la chance de voir mon premier petit enfant naître.

Johannie avait les larmes aux yeux. Elle alla informer le reste de la famille et parti avec l'infirmière pour mettre les vêtements appropriés. Ensuite l'infirmière la conduisit auprès d'Amélia. Ses contractions étaient maintenant très fortes. Elle doutait qu'Ogan soit arrivé assez vite, mais elle se garda bien de le dire à Amélia. Elle regrettait de ne pas avoir veillé à ce que Ogan reste près du bureau.

— Est-ce que quelqu'un a pu joindre Ogan?

— Oui il est déjà en route depuis notre départ du bureau.

— Mme Mezzo à votre prochaine contraction, vous allez pousser.

— Déjà ! Ah non ! Ogan ne sera jamais là en temps.

La contraction vint, mais Amélia se refusait à pousser. Elle essayait, mais son cerveau ne travaillait pas dans ce sens.

— Mme Mezzo, vous devez vraiment vous concentrer, car si vous ne poussez pas, le bébé sortira quand même, mais c'est lui seul qui aura à faire tout le travail. Vous devez l'aider pour que l'accouchement soit moins dur pour lui.

— Très bien, je suis désolée.

— Je vous comprends, mais le bébé attendra papa dans les bras de maman.

— Oui. Je comprends.

Ogan entra à toute vitesse dans la salle d'accouchement suivi de l'infirmière qui lui disait qu'il devait finir de s'habiller avant d'entrer. Mais trop tard il était déjà en train d'embrasser Amélia. Le médecin lui fit signe de le laisser faire.

— Amélia ma chérie j'avais si peur de manquer ça.

— Mais comment es-tu arrivé ici si vite Ogan, c'est impossible tu ne peux ne pas avoir fait temps de vitesse. Tu…

— Maman, nous parlerons de cela après.

— Désolé, je comprends. Je devrais aller attendre de l'autre côté avec les autres.

— Non Johannie, s'il te plaît restez.

— Oui maman reste.

— Merci mes chéris.

Quinze minutes plus tard, Ogan avait son fils dans ses bras. Sa mère alla rejoindre le reste de la famille pour leur dire que tout allait bien que leur garçon était né sans problème et que Ogan était un père comblé avec son bébé dans ses bras.

— Hein! Ogan.

— Ah! Vous ne l'avez pas vu, il est avec Amélia et il est arrivé juste à temps pour voir naître son garçon.

— Merveilleux, mon petit fils est né. Johannie, quand vais-je pouvoir le voir?

— Il faut attendre qu'ils les transportent dans une chambre et Ogan viendra nous chercher. Mais je pensais qu'un de nous devrait aller chercher Annabella. Il ne manque qu'elle, c'est son petit frère après tout.

— Oui maman, tu as raison. Je vais aller la prendre à la garderie et je la ramène ici. Ne le dites pas à Amélia et Ogan, je vais leur faire la surprise.

Ogan vint chercher la famille pour qu'ils puissent voir son fils. Frédérick était curieux de savoir comment son fils était arrivé si vite.

— Comment es-tu arrivé si vite, c'est impossible?

— J'étais déjà parti depuis 10 minutes quand M. King m'a fait téléphoner pour me dire qu'un hélicoptère m'attendait sur un édifice qui n'était qu'à cinq minutes d'où j'étais, alors je dois le remercier et nous allons devoir refaire la réunion.

Silence se fit

— Papa…c'est tellement merveilleux de voir son fils naître.

— Oui, c'est une des plus belles choses de la vie que j'ai eu le grand plaisir de voir à quatre reprises. Une double naissance naturellement…j'avais pas assez chaud avec un à la fois.

Quand Zoé entra dans la chambre avec Annabella, Amélia se mit à pleurer.

— Merci d'avoir pensé à Annabella. Regarde mon trésor, c'est ton petit frère.

— Comment s'appelle le bébé?

Amélia regarda Ogan. Elle ne savait pas s'il avait pris la décision finale. Il était partagé entre deux noms et elle lui laissa faire le choix final.

— Nous étions d'accord pour un nom italien, alors nous allons le nommer Carlo.

Le père d'Ogan se mit à l'écart. Il était ému parce que Ogan avait choisi ce nom pour son fils. Pourtant Ogan ne savait pas. Johannie regarda son mari, elle…elle savait. Il lui fit signe que tout allait bien.

— Oh ! Zoé, aujourd'hui j'étais censé te voir pour te demander si tu voulais être la marraine avec

Emmanuël comme parrain. Mais comme j'ai eu une petite distraction, j'avais oublié.

— Ah! Ah! Ah! Une merveilleuse distraction. J'accepte avec la plus grande joie.

— Désolé pour mes autres frères, mais vous allez certainement avoir la chance dans quelques années vous aussi.

— Hum, tu en veux déjà un autre Ogan. Chéri, je crois que nous devrions en reparler…beaucoup plus tard.

— Non pas nécessairement nous, mais eux s'ils finissent par se trouver des conjoints.

— Ah! Tu m'as fait un peu ? Je te trouvais soudainement un peu trop optimiste. Hé! J'y pense, Annabella a aussi besoin d'être baptisée, car je n'avais personne pour marraine et parrain, alors elle pourrait avoir deux parrains au lieu.

Emmanuël se sentit blanchir. Elle n'était pas pour lui faire cela, ce n'était pas elle. Impossible.

— Oui, comme cela Michaël et Zack si vous êtes intéressés?

Les deux répondirent en coeur que cela serait un plaisir pour eux. Emmanuël put laisser aller sa respiration. Amélia avait bien vu trop tard l'erreur qu'elle avait faite. Elle lui fit signe de s'approcher pour prendre le bébé. Et elle lui chuchota ses excuses. Emmanuël lui fit de gros yeux et il l'embrassa sur le front.

— Hé! Hé! tu ne peux pas embrasser ma femme, sans me demander la permission, tu sais.

— C'est ma meilleure amie, tu dois t'y faire Ogan.

— Je croyais que c'était moi.

— Non, elle m'a dit que toi tu étais son amant.

Ils riaient tous de bon coeur.

Johannie et Frédérick prirent congé pour qu'Amélia puisse se reposer et le reste de la famille suivait leur exemple. Elle se retrouvait seule avec Ogan et le petit Carlo. Zoé avait décidé de passer la nuit chez ses parents avec Annabella.

Zoé avait bien remarqué la réaction de son père à l'annonce du nom du bébé.

— Maman, quand nous étions à l'hôpital il me semble que papa ne se sentait pas bien quand ils ont annoncé le nom de Carlo. J'ai bien vu qu'il t'a fait signe qu'il allait bien, mais tu crois qu'il allait vraiment bien.

— Oui Zoé, ton père était très ému. Tu vois, je vais te dire quelque chose dont nous n'avons jamais parlé avec vous les enfants. Ton père avait deux autres frères, que vous n'avez jamais connus. Ils n'en parlent jamais. Un soir, les deux étaient sortis. Carlo était parti travailler et Miki était sorti avec ses amis.

— Ah! je comprends mieux, c'est parce qu'il avait un frère qui s'appelait Carlo.

Silence se fit

— Oui, mais tu es loin de tout comprendre ma fille. Il y eut un accident un soir où il y avait une pluie diluvienne mêlée de brouillard, c'était terrible à voir, un vrai déluge. La voiture de Miki a frappé celle de Carlo. Carlo est mort sur le coup. Miki est resté pour assister à l'enterrement et ensuite il est parti et personne ne l'a jamais revu. Ton père les aimait tellement tous les deux. Mike était l'aîné et Carlo le cadet.

— Oh ! C'est terrible maman, papa a dû être dévasté par cela.

— Oui, il a pris beaucoup de temps à s'en remettre.

— Quelle histoire affreuse. Mon dieu je comprends bien pourquoi papa n'en parle pas. Alors vraiment il a perdu deux frères en même temps. Est-ce que celui qui est parti avait causé l'accident?

— Oui, mais vu les circonstances de la température, ce n'était pas de sa faute. Il pleuvait tellement, les rues commençaient à être inondées pour la plupart. Miki n'a pas vu l'arrêt et les policiers avaient dit à ses parents que l'impact n'avait vraiment pas été fort, que probablement que Carlo avait mal frappé sa tête sur la fenêtre et que cela lui avait donné un coup final.

— Celui qui est décédé s'appelait Carlo l'autre qui est parti Miki.

— Oui.

— Miki c'est son vrai nom.

— Non, c'est Michaël. Mais tout le monde l'appelait Miki.

— C'est pour cela que vous avez nommé votre premier enfant Michaël.

— Oui, il aimait beaucoup Michaël aussi et il avait tellement de peine que son frère ne puisse accepter que ce n'était pas de sa faute. Mais comme ton père dit, il aurait eu tellement honte qu'il aurait probablement fait la même chose et disparut à jamais.

— Je suis surprise que vous n'ayez pas surnommé Emmanuël du nom de Carlo.

— Ton père ne voulait pas, car il disait avoir fait une erreur en donnant le nom de Michaël à notre premier enfant. Qu'il ne cessait de se rappeler et manquer son frère encore plus à cause de cela! Ensuite nous avons réalisé que Michaël portait la première lettre de notre nom de famille. Alors c'est là que nous nous sommes amusés à vous nommer avec la prochaine lettre dans notre nom de famille. M pour Michaël, E pour Emmanuël, Z pour Zark, Z pour toi Zoé et enfin O pour Ogan.

— Alors c'est arrivé avant notre naissance.

— Oui, j'étais enceinte de Michaël.

— Est-ce que papa a recherché Miki?

— Pendant des années. Mais à un certain moment il s'est rendu à l'évidence qu'il ne le retrouverait jamais.

— Pauvre papa. C'est une vraie tragédie pour sa famille.

— Oui, terrible. Mais ils doivent vivre avec.

Ogan Mezzo que rien n'arrête trouvera les amours de sa vie

Trouvez-les, ils sont là

Mon bel amour

Le Prince Aja envoûté par Danna

L'amour interdit de Magalie

Ogan Mezzo que rien n'arrête trouvera les amours de sa vie

La redoutable Zoé Mezzo devant la défaite…et l'amour

Zack Mezzo, le beau charmeur chevauche avec l'amour

Emmanuël Mezzo face à son secret

Michaël Mezzo tourmenté par ses amours

La famille Mezzo : L'intégral

Amoureuse de son sauveur

Le cadeau de Gabriella

Un cowboy pour Mia

Mon ange gardien sexuel

Deux mois d'amour, une vie de passion

Mon oiseau volage d'amour

Annie taquine l'amour de sa vie

Destinée à lui

Alyssa, tu es mienne, eres mías